MINECRAFT
我的世界
玩家手册

[英] 未来出版社 编著　刘昕涛 译

人民邮电出版社

北京

图书在版编目（CIP）数据

我的世界建筑实用手册 / 英国未来出版社编著；刘晰泽
译. -- 北京：人民邮电出版社，2025. -- ISBN 978-7-
115-66684-0

I. G898.3

中国国家版本馆 CIP 数据核字第 2025QVJ931 号

内容提要

《我的世界》作为一款沙盒游戏巨作，自问世以来，凭借其无限的探索的创造可能性和独特的方块世界，赢得了全球玩家的喜爱。北京未来出版社推出的《我的世界》，从科学的角度探索《我的世界》，从精细的建造到美观设计，开启了一段独特一无二的沙盒游戏体验。此外，本书还收录著了 12 位具有代表性的玩家作品，无论你是新手玩家还是老手玩家，都能以《我的世界》带你开启无限的探索与收藏。

◆ 编著 [英]未来出版社
　　译　　刘晰泽
　责任编辑　李东
　责任印制　陈彪

◆ 人民邮电出版社出版发行　北京市丰台区成寿寺路 11 号
　邮编 100164　电子邮件 315@ptpress.com.cn
　网址 https://www.ptpress.com.cn
　北京富生印刷有限公司印刷

◆ 开本：889×1194 1/32
　印张：6　　　　　　　　　　　2025 年 5 月第 1 版
　字数：215 千字　　　　　　　2025 年 7 月北京第 2 次印刷

著作权合同登记号　图字：01-2024-4637 号

定价：59.80 元
读者服务热线：(010)81055410　印装质量热线：(010)81055316
反盗版热线：(010)81055315

前言

《我的世界》的游戏模式确实能让你尽情发挥自己的创造力，但你是否经常觉得自己面对一个空旷的世界无从下手呢？别担心，本书可以为你提供这个游戏的专业知识和灵感，助你成为《我的世界》的游戏能手。从搭建令人惊艳的建筑到展现极致的景观，再到剖析红石装置，本书将对魔赞开发的这款经典沙盒游戏进行详细的解析。此外，本书还收录了几位极具创意的自媒体博主的游戏体会。不管你是喜欢在创造模式中无忧无虑地发挥才能，还是喜欢在生存模式里绞尽脑汁地存活，都会找到一些能改善游戏体验的东西。还等什么，开始建造吧！

目录

红石的魔力

131

140

168

190

史诗建筑

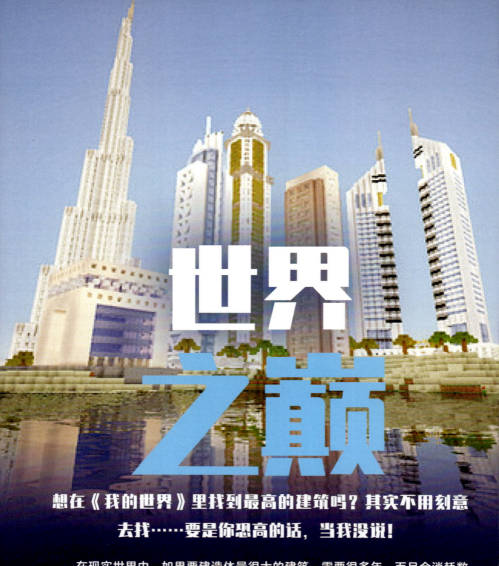

世界

之巅

想在《我的世界》里找到最高的建筑吗？其实不用刻意去找……要是你恐高的话，当我没说！

　　在现实世界中，如果要建造体量很大的建筑，需要很多年，而且会消耗数十亿美元，需要设计数不清的规划图，申请数不尽的许可证，还需要具备不从楼顶掉下来的"超能力"。而在《我的世界》中，你只需要几个小时就能做到——唯一需要担心的就是你的手指可能会被键盘磨出几个水泡。当然，在《我的世界》里建造超高层建筑的另一个优势，就是你可以尽情发挥自己的想象力。下面这份独特的超高建筑清单中，有现实世界摩天大楼的复刻版，还有能从书本或电影中看到的知名虚构建筑。所以，为什么不自己建造呢？在这里，除了你的想象力和游戏的高度上限，没有什么会限制你创作。

01 哈利法塔

  如果我们不把现实世界中最高的建筑列进来，就显得太不专业了。《我的世界》的建设者们早就满怀热情地复刻了这座位于迪拜的哈利法塔。因为这座巨大的高塔有 162 层，828 米高，所以要在游戏里做到一比一的精准复制是很困难的。尽管如此，《我的世界》社区的成员还是一砖一瓦地完成了这个项目……终于不用像建造真塔那样动用数千名工人啦！

02

世贸中心

　　或许是因为双子塔——世贸中心的一号楼和二号楼在 2001 年 9 月 11 日经历了悲惨的命运，多年以来，《我的世界》里许多资深建造者都在搭建世贸中心的复制品，或许是为了表达自己的敬意。值得注意的是，塔楼侧面使用了玻璃块来展现大楼的幕墙，为了实现更逼真的效果，建造者还特意用了材质包。

03

巴拉多塔

　　下面暂时脱离现实世界中的建筑，一起进入奇幻领域。现在大家看到的是电影《魔戒》三部曲中大反派索伦的巢穴。这座建筑高得离谱，被散发着不祥气息的黑

色石块包裹，顶部就是恶名昭彰的魔眼之窗，托尔金给它起名叫巴拉多塔，它绝对值得你在游戏中进行复刻。要是你在搭建完成后能加上熔岩，再复刻出另一个邪恶的地标——末日火山，别人必定会对你建造的这一整套奇观赞誉有加。如此说来，现在唯一的遗憾就是能控制一切的至尊魔戒还没有加入《我的世界》这款游戏。

帝国大厦 04

　　纽约帝国大厦曾是世界上最高的建筑，也是 1933 年原版《金刚》电影的点睛之笔。在《我的世界》里，它同样是当之无愧的闪耀明星。它那以"肩膀"和"头顶"为特色的恢宏设计，在你"最喜欢的建筑景观"榜单里恐怕也是数一数二的。再说它中规中矩的玻璃窗布局，搭建起来简单快捷，你和朋友们组建的工程队只需要一点点的耐心和纪律性，就能在几个小时内完成。如果想让它更充实，你可以造一只即将从楼顶落下、却依然和气势汹汹的战斗机群搏斗的大猩猩。

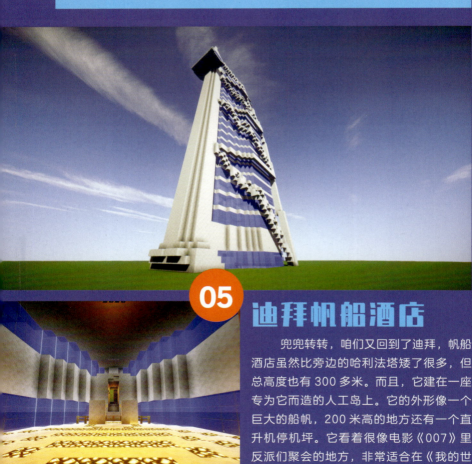

05 迪拜帆船酒店

兜兜转转，咱们又回到了迪拜，帆船酒店虽然比旁边的哈利法塔矮了很多，但总高度也有300多米。而且，它建在一座专为它而造的人工岛上。它的外形像一个巨大的船帆，200米高的地方还有一个直升机停机坪。它看着很像电影《007》里反派们聚会的地方，非常适合在《我的世界》里造出来。

06

西尔斯大厦

　　之所以不叫它威利斯大厦，是因为它曾作为西尔斯公司的总部闻名世界。直到现在，它仍以一种奇特的姿态矗立在芝加哥。如果要评选《我的世界》中能给建造者带来真正挑战的建筑，西尔斯大厦一定会位列其中。这座建筑体积庞大，形状不对称，又矮又粗且通体黝黑，但在游戏中被渲染后却很迷人。如果要契合它的形象，不妨让黑帮住进去。所以，在建好大楼之后，为何不在里面添加一些怪物呢？

07 埃菲尔铁塔

　　啊，这就是巴黎的浪漫，这就是"光之城"的魅力，这就是从法国知名建筑顶端的瞭望台远眺时的眩晕感！虽然它的造型看起来有些怪异，它的金属架结构好像不太能抵抗大风的劲吹，但这就是埃菲尔铁塔的美妙之处。它拥有无尽的吸引力，仿佛下一秒就要飞向太空，你应该也会情不自禁地想在《我的世界》中对它进行一番改造吧！不过处理那些金属梁的时候，可不能心急哦！

自由女神像 08

　　这座建筑是法国送给北美的知名礼物（我说的礼物当然不是软奶酪和煎蛋卷），它经常出现在《我的世界》中。自由女神像不是世界上最高的纪念碑，但绝对是最容易辨别的——它的搭建过程非常有趣——这也是我们把它列在这里的原因。看上面右侧的图你能发现，在游戏中一些建造者对它进行了一些美学上的调整，导致它跟原版不太一样，不过这又何妨呢？在游戏中对它进行重塑可比在现实中拿着凿子去雕琢修整容易多了。

09

奥桑克塔

　　回到托尔金笔下的"中土世界"，他的粉丝们应该记得系列电影有一部的名字是《双塔奇兵》。双塔之一便是前面提到的巴拉多塔；其二就是奥桑克塔，这是一座被邪恶堕落的巫师萨鲁曼占据的、由坚不可摧的黑曜石搭建而成的高塔。在《我的世界》中，所有复刻它的建筑师都知道，其关键是要把塔顶做好，塔顶上有四个尖刺和一片开阔的广场，小说中萨鲁曼曾在这里囚禁甘道夫。如果能够尽自己所能搭建好这座高塔的话，恐怕连巫师都会为你感到骄傲的！

10

大本钟

　　我们亲爱的大本钟（2012 年正式更名为"伊丽莎白塔"）是最能代表英国的标志性建筑，就像炸鱼薯条是最能代表英国的菜品一样。它拥有对称的造型，外饰是迷人的规整石纹，顶部是巨大的钟面，这个形象对《我的世界》中所有想建造它的建筑师来说都是比较容易上手的。诚然，它的高度远不如哈利法塔，但那又怎么样呢？

意想不到的建筑！
就是"任"性

　　材质包是《我的世界》的重要组成部分，不同的材质包能让你改变游戏一贯的视觉风格，呈现出不一样的风貌。与自己创造的建筑相契合的材质包是很值得你花时间去寻找的，你甚至可以重新组合多种材质包尝试混搭风格。例如，任天堂 Switch 版的《我的世界》中就有一个蘑菇王国的材质包，还附赠《超级马力欧》系列的音效。想象一下，现实中的地标建筑，外饰纹理却是广受喜爱的任天堂风格。《我的世界》让各种元素都拥有了无尽的潜力，你难道不想赶紧尝试一下吗？

与新天堂探讨
《我的世界》
里的中世纪与奇幻元素

我们采访了来自法国的、高人气的《我的世界》建造
团体成员 Bulix_ 和 Elgringau

"只要负责人不明确表示反对，建筑师们想做什么都可以。"

从《我的世界》的建造者的角度来看，中世纪的哪些特点给您和新天堂团队带来了灵感呢？

Bulix_：我觉得首先是中世纪的超长持续时间（以及期间发生过的许多意义重大的事件）启发了我们。此外，也有游戏本身的环境因素，因为《我的世界》早期版本的很多方块材质都更具乡村风格，如鹅卵石和各种木材。这些方块很容

» 《爱丽丝梦游仙境》地图中的城堡，将中世纪风格展现得淋漓尽致

易就能还原出中世纪的建筑特色，反过来说，中世纪这个主题很匹配游戏的整体材质风格。对许多人来说，一提到建筑，往往最先想到的就是中世纪风格，所以它成了我们着手创作的首选。

你们有没有基于现实中的某些景观、地点进行建筑搭建，或者从现实中获

得设计灵感的情况呢？

  Bulix_：因为它们最终都会成为我们的新天堂的一部分，所以几乎我们设计建造的所有项目，都是基于团队成员自己的想象力创作出来的。话虽如此，但要说现实因素对我们这些创作者完全没影响是不可能的。在确实没有好想法时，为了获得设计灵感，我们通常会去看概念艺术作品，但肯定不会参考现实中的实景照片。

  你们搭建的所有地图都很大，肯定花了不少时间。能不能告诉大家，在这种大型的中世纪风格的项目中，你们是怎么组织团队里的成员进行建造的呢？

  Elgringau：我们的每个项目都有专门的负责人，他们会对自己负责的组内成员提供整体指导，并在项目启动后参与项目的搭建工作。虽说有这样的"经理"监督，但每个建造者都是为了搭建自己梦想的建筑才应召入组的，负责人不会强迫组员搭建自己不喜欢的建筑。我们团队的一大亮点就是不设任何限制，这往往会带来令人瞩目的成果。只要负责人不明确表示反对，建筑师们想做什么都可以。在每个项目启动之前，我们都会先确定一个所有组员都喜欢的主题，然后先在空

» 与团队的早期作品不同，这张地图使新天堂系列同时具备了中世纪风格和幻想风格

地图上进行设计测试。有时候，大家的热情太高，甚至会带来困扰，即使明知只是在做测试，却想完美地完成所有内容。

模组和定制材质包通常是打造"奇幻大陆"等主题建筑的重要组成部分。你们在打造中世纪建筑时用了哪些模组？为什么会选用这些模组呢？

Bulix_：大多数情况下，我们都是用默认的资源包或可以提高分辨率的资源包，如可靠的"32×32"资源包。话虽如此，有时候我们也会用"征服（Conquest）"资源包，这是一个能为《我的世界》增加细节和大量新纹理的资源包。还有那么一两次，我们采用了一些提升现代建筑的观感的资源包，但这种情况很少见。说到模组，高清的"优化（Optifine）"模组在我们这很受欢迎，因为它能提高游戏的帧率（每秒帧数），我们中有些人还会用"热键宏绑定（Macro's Keybind）"模组，这个模组用起来很方便，能更快捷地调用游戏内的部分复杂指令。

您对于那些想追随新天堂脚步建造自己大型史诗建筑群的新玩家有什么建议吗？

Elgringau：众所周知，要想创造出能惊艳到自己的作品，就得有与理想相匹配的灵感。如果你是零基础小白，就先学习建筑和美术的相关知识吧！若想建造大规模景观，这些知识是必备的，能让你的头脑中有足够的储备来构思优秀的框架。《我的世界》这款游戏经常被当作将艺术构思变成现实的创造性工具——至少我们是这么认为的。请大家保持好奇精神，睁大双眼，多留心多观察，积极探索周围的事物。

建造红皇后的城堡

1

第一周

头脑风暴

研究商讨阶段开始，所有参与项目的建筑师集思广益。和以往的建筑项目一样，团队会参考概念艺术作品来激发灵感。蒂姆·伯顿执导的电影《爱丽丝梦游仙境》中的场景是本建筑外形的核心蓝本。

2

第二周

建筑总纲

此时，团队成员对即将建造的建筑有了大概的思路，开始在地图对应的位置标记城堡的各个要素。新天堂团队选择用单种方块构成的轮廓来辅助确定建筑的占地规模。

3

第二至三周

建造第一座塔楼

红皇后的城堡中有多座塔楼，团队成员先建造其中的一两座来确定工程中重复部分的细节。因为只要做出一个示例建筑，就可以直接将其作为其他不同尺寸、形状塔楼的蓝本。

4

5

6

第三周

组装部件

团队成员开始把已经做好的几座塔楼移动到对应位置，确保每一座塔楼都处在正确的"岗位"。红白配色，能让屋顶、窗户和扶壁等关键细节从远眺视角中脱颖而出。

第四周

大门与围墙

随着城堡接近完工，为了把这许多塔楼和各式结构连接起来，团队成员开始建造整个城堡的围墙。围墙跟其他部件一样采用了红白配色，大家还在建筑的正面设置了一个红色的心形拱门。

第四周

内饰与迷宫

在工期的最后一周，团队成员为部分塔楼添加了内部细节，还手工打造了环绕城堡的迷宫。这一系列建筑的结构非常复杂，需要建筑师付出大量精力才能打造好。经过约一个月的筹备与建造，城堡就这样完工了。

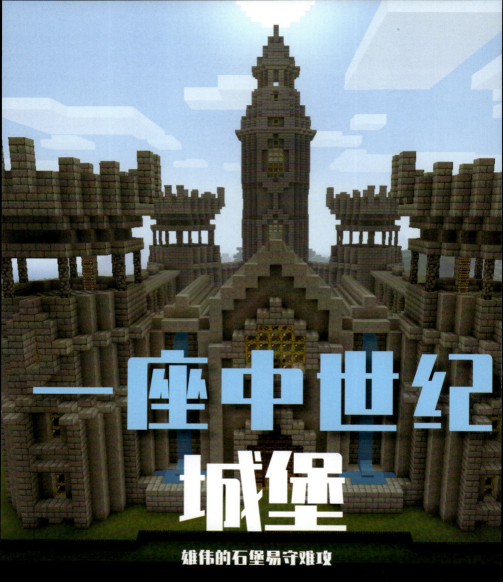

一座中世纪城堡

雄伟的石堡易守难攻

只建造普通城堡的话很容易就能建好。但如果是建一座给国王居住的城堡就没那么简单了。你得建造出宏伟的塔楼吧？你得让宽大又单调的城墙有点儿花样吧？你得给国王打造一个名副其实的王座吧？

接下来的教程中，我们将手把手教你怎么建造好这种大体量的城堡，你甚至不用考虑尺寸问题，我们都已经为你打理好了。为了展现这栋建筑的魅力，我们需要用到梦幻材质包，当然这个不强求，你想用什么都可以，原版、塑料或城市材质包等都是不错的选择。

01 第一面墙

　　这个庞然大物的基础材料就是简单的石头块和石砖。咱们先找一块空地，搭两个六格高的石砖柱，二者间隔五格。然后用拱形结构把它俩的顶部区域连接起来，再在它们的两侧建造对称的石墙。要注意两边方块的位置和造型，可别搭错了。在门框上方造一个圆圈结构，在开始搭圆圈周围的石墙之前，最好先在里面填入玻璃作为窗户。然后，斜着搭砖块，把旁边的柱子和这个窗户连起来。

02 墙壁与喷泉

　　在两边对称的墙上分别敲出三格宽的竖列，往后一格用石砖把两竖列再砌回去。下一步同样要在两边对称搭建，把两边的墙搭高，让它们比中间的窗户高出一格。用石头在上面做出图中的三角形尖顶，再往前放上几块石头，让墙顶和前面的墙体平齐。然后在刚才石砖部分中间那列的顶端加上水（记得在这格后面放个方块，这样水就只会向正面流了）。

03 两座塔楼

这一步，我们在正面搭建塔楼。先从右边开始，从水池边缘直着往后放五块石砖。然后分别从这五块砖的首尾沿对应的斜对角方向放两块石砖，再横着放五块石砖。都到这一步了，你应该能自己搭建完成这个圆圈接下来的部分了。塔楼要先搭到20格高，然后参考图中的样式增加窗户和石砖台阶的装饰。

04 第二座塔楼

　　第二座塔楼的搭建过程其实和第一座一样，只不过位置是在左边。搭好之后，到塔顶去，我们要开始用圆石墙细化建筑了。先在四条五格边的两端搭三格高的圆石墙作为柱子，再在柱子的上面搭一个圆形。然后，往里缩一格，搭一个小一点儿的圆形平台，再往上搭一层和第一层一样的稍大的圆形平台。最后，往外扩大一格，搭一个三格高的圆形，在它的侧面加上城墙样式的凸起。当然，要记得在对称的塔楼上也搭上一样的结构哦！

05
入口走廊

　　在正门上方，用石砖楼梯做屋顶。左右两边的三角尖顶，也用同样的方式向后搭建。然后，从屋顶右侧的正下方开始，用石头建一堵实心的墙，墙的四条边要改成石砖（这堵墙只需要砌到屋顶下方一格的高度）。在墙的底部，先从正面数两格，打出一个四格高三格宽的洞，往后隔三格，再打一个一样的洞。最后，在这两个洞中间的上面一格戳一个洞。

06 墙壁装饰

先给前面步骤中提到的两个洞装上玻璃。用石砖楼梯和石砖在两扇窗户之间搭建柱子。沿着屋顶的边缘铺一层石砖台阶（石砖台阶与石柱的顶端有半格的距离），在柱子的顶端多放一块石砖台阶，然后继续铺石砖台阶就行了。接着，在石柱上半部的左右两侧各开两扇较小的窗户，在窗户的上沿和下沿也铺一层石砖台阶，这面墙就算建好了。对面的墙和它的建造方法一样，与城堡正面墙相对的墙和它互为镜像。正面的喷泉在这里要改成窗户。

07 主要外墙

先去塔楼底下，这次要用到塔楼那两格宽的斜边，在斜边后方第二格开始造墙。这部分最好参照右图的样式，图中的柱子是修改后的版本，在搭建柱子的上半部分时，记得圆石墙要往里缩一格，这样可以让柱子更有立体感。我们建这面墙时是用柱子把它分成了五个大块，如果你想造个更大的城堡，则可以对相关细节进行调整。

08 外墙内侧

在两侧的外墙建好之后，我们就需要让它们的内侧看起来不那么单调。我们用石砖在圆石区域摆一圈，这样城堡内侧就有了一格的深度，看起来会更加立体。还可以在每个大块中间，用石砖台阶做一些漂亮的装饰。在每扇小窗下方，用石砖楼梯做一个支撑柱。至于屋顶，这里有新搭建的人行区域，我们可以用木栅栏或石砖把边缘围护起来。

更多定制内饰

城堡主体已经完工，是时候增加些内饰了。

1 没有王座室的城堡值得炫耀吗？想建造这个曼妙奢华的屋子，首先要移步到主塔楼内。用石砖楼梯和石砖台阶制作王座周围的区域，然后把石英楼梯、石英台阶和石英块组合起来制作王座本体。用圆石、深色橡木和红地毯铺设地面之后，再挂上一些画，王座室就大功告成了。

2 我们已经有了王座室，那寝宫也就必不可少了。前往主塔楼的顶部区域，在窗户下面几格铺上地板。桌子是用两个木楼梯和一个木台阶组合做成的，椅子是用紫珀楼梯做成的。最后，把两张床放到用石砖楼梯、石砖台阶围成的区域里，用画完善一下外观细节。

3 接下来我们造中庭。首先沿着中庭的中心区域铺设錾制石砖，勾勒出一条路。然后造一个抬高的喷泉，在它周围铺设石砖台阶或楼梯，方便人们走上去。再把树叶方块铺到楼梯的夹角处，形成树篱。最后用石头铺好供人行走的小路，再用沙砾填补剩余的部分，就完工了。

4 在中庭的另一侧，我们要建一个小市场。这比之前的工作简单多了，只需要做一个圆圈（直边长度是三格），在圆圈上加几个栅栏，然后造一个屋顶。把村民放进去，挂一个物品展示框，并在里面放一件物品来表明他们在卖什么，然后在摊位里放上栅栏，防止村民跑出去。怎么样，很简单吧。

5 这头猪是因为卖假胡萝卜被抓进来的。你可别跟它串供啊！前面的塔楼后方和城堡外墙围成的空间，完全够造一个向下的楼梯。想一想，我们能在城堡的地下建什么？当然是地牢啦！我们只需要挖一条走廊，在走廊两侧建一些四乘四大小的房间，把一只动物放进去，再用铁栏杆把房间封死，地牢就完成了！

09　再建三座塔楼

往地上放置两个圆圈，与前面的两座塔楼对齐。以这两个圆圈为基础，再建两座与前面一样的塔楼。接下来，我们造主塔楼。先在后两座塔楼往后几格的位置，做一个正对前门框架的圆圈，这个圆圈的直边长度是七格。然后，往上搭十格高的石砖，再加五格高的石头，以这十五格石材为一组，重复多次搭建。当你觉得高度够了的时候就停止，然后在十格石砖上搭三格石砖作为收尾。

10 装饰主塔

在面向正门的方向给主塔楼加一个门洞，然后造从两座后塔楼延伸至主塔楼的外墙。从每一组的五格石头区的顶部开始搭建，利用主塔楼的四个侧面把各部分连接起来。在每一块石砖区上凿出窗洞，安上玻璃板。一定要把这些玻璃窗做得又大又美观，这样从远处就能看到它们。毕竟，这些大玻璃窗也是我们的视觉焦点。

11 塔顶

这部分很简单。先在主塔顶部往外一格的位置，铺一圈石砖楼梯，所有楼梯的弯曲方向都应该契合塔檐的形状，如果有楼梯方向不对的话，就敲掉重新搭建。这一步有个诀窍，就是每次摆放都要对准上一次摆放楼梯后上角位置的方块。虽然有些麻烦，但为了实现完美的建筑外观，付出些努力还是值得的。接下来，按照主塔基座的圆圈大小，用石砖往上搭一格高的圆圈。

12

再建些墙

好了，那个圆圈放好了吧？再往上加两格，让它变成三格高的石砖柱。然后再造一个圆圈，只不过这次要往里缩一格方块的距离，同样是三格高。然后就是最后一组了。知道怎么搭吧，缩一格高三格。把每三格石砖柱边角上的方块敲掉一块，可以让塔顶看起来不那么板正。想让这座主塔看起来更具沧桑感的话，也可以在塔身上添加一些裂纹石砖。

13 最终阶段

　　我们的最后一步是将塔顶再往里缩一格造一个圆圈，然后建三格高，把这次搭好的四面墙都拆掉，只留角落位置的方块作为支柱。围着顶部放一圈倒楼梯，然后继续搭建向里缩的墙，每组墙两格高，最后让塔的尖端变成一根刺。按照图里的样子，敲出塔顶的窗户，安装玻璃板，同样可以加一些裂纹石砖，这样我们就彻底完工了。现在你可以到处走一走，随便找个地方一躺，哪怕不是王座上也无所谓了。毕竟你确实干了很多事，也该歇歇了。

建筑广角

一个全新的（蒸汽朋克）世界

　　看看下面的这些图片，很惊艳，对吧？我们构思出了一套能做出这类史诗级建筑的基本方法。只要你跟着我们，学会怎么用圆形做塔楼，怎么把平坦单调的墙体改造成颇具层次感的景观墙，怎么使用不同尺寸的各式屋顶，那这个游戏能限制你建筑才能的就只剩下高度上限了。下面这座蒸汽朋克城堡看起来很复杂吧，但只要你根据上面讲过的知识把它分解成几个小部分，你会发现，结合你自己的灵感造出类似的东西其实也没什么难度。你不是还能拉上朋友一起做那些繁重的工作吗，毕竟，朋友就是用来互相帮忙的呀！

建造
米列西
沙漠宫殿

我们采访了来自《我的世界》团队"觉醒者"的丹尼·塔格（Danny Thage）

能跟我们说说你之前的经历吗？之后又是如何跟你的团队一起在《我的世界》里创造出那些令人叹服的作品的呢？

2010 年，我们的"觉醒者"团队成立，我们的成员就是一群喜欢一起玩游戏的好朋友。在测试版早期，我们主要玩的是生存模式，就是为了开心而已。游戏在 2011 年夏天公测后，我们受到《魔戒》的启发，决定把第一个大型项目定为复刻莫里亚矿坑，这也是它在这个游戏中最早的复刻版。第一个大型项目，也是一切真正开始的地方。后来，"觉醒者"成长为一个大型的国际服务器，成员们为做出更多有趣的项目而努力着。

你们建造米列西沙漠宫殿这类独特建筑的灵感来源是什么呢？

在创建大型建筑时，我们会经历一个思考阶段，首先回顾我们以前没尝试过的主题，然后就顺着思路想出有挑战性的新想法。最后确定建造沙漠神庙类建筑的方向，是经过多轮创意筛选的。一开始是有人想做一个沙漠主题的延时摄影作品，之后这个构思被团队的策划和设计师接手。最初只是一个简单的想法，大家在查看大量奇幻类艺术图片汲取灵感后，团队开始从头设计整个项目，最终发

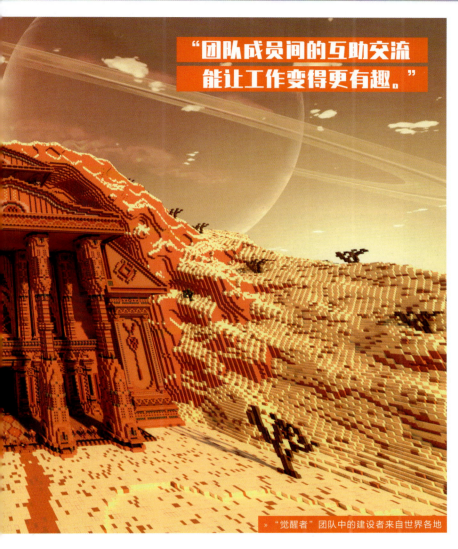

"团队成员间的互助交流能让工作变得更有趣。"

» "觉醒者"团队中的建设者来自世界各地

展成了大家看到的样子。

在完成这座令人印象深刻的建筑前，你们有没有遇到必须克服的挑战或阻碍呢？

让地形和一座大型建筑完美匹配一直是搭建工作的大难题。为了让建筑与地形完美匹配，我们花了很长时间才设计出一个方案。我们是一个中等规模的团队，每个人都会参与到建筑的前期设计工作中。所以，要对得起每个人的优秀想法，把它们整合到一座充满魅力的大型建筑里也是一大难题。当然了，难关再多也会被我们克服，呈现出一个出色的完整项目。

在沙漠里建造这样一座庞大而复杂的宫殿需要如何规划呢？

协调这样的大型建筑确实是一项艰巨的任务，需要 10 到 20 人的共同努力才可以完成；而且我们是国际团队，所以还要协调来自世界各地的成员。说回搭建工作本身，我们会事先进行很多次模拟建造，在决定最终方案前，需要尝试多种不同的设计和思路。也就是说，大家看到我们搭建项目的延时摄影时，我们实际上已经完成过好几个不同的版本了。

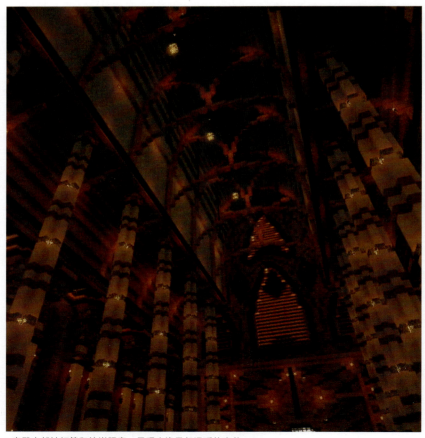

» 宫殿内部被灯笼和熔岩照亮，呈现出诡异却温暖的光芒

搭建大型建筑时，团队中每位成员的个人感受如何呢？

我们在集体工作时，大家经常会遇到与自己擅长的风格或主题不符的建筑项目，每个人都会互相帮助。毕竟人总会有自己不擅长的领域，我们可以通过共同建设、彼此互助尽可能把项目完成，何况团队成员间的互助交流能让工作变得更有趣，也能让团队成员保持良好的精神状态。

我们的读者肯定也有人想追随你们的步伐，搭建沙漠主题的大型建筑，你能给大家一些建议吗？

绝对不能省略实现构思之前的模拟过程。为了保证最后的成果能达到心中的理想形态，在大家开始建造主体结构前，一定要先在另一个地方把自己的想法和设计测试一下。多摆一摆你准备的材料，这样可以帮助你发现它们的最佳组合方案，找到位置和配色都很合适的图案。另外，全程都要仔细思考这两个问题——为什么要盖这座建筑？为什么要这样设计它的造型？这两个问题能让你时刻注意项目的规模和完工所需的条件，以减少建造期间可能出现的纰漏。

» 团队在前期设计时会使用地图编辑器（WorldEdit），但在正式搭建时是手工制作

建造米列西沙漠宫殿

1

模拟建造

与"觉醒者"团队的诸多其他项目一样，这次也是先从制作整个项目的模拟模型开始。模型主要是宫殿的内外布局。团队喜欢用地图编辑器快速完成这一套流程，这样可以让正式项目更早开工。

2

地形改造

下一个阶段是改造地形，这一步对所有大规模建造项目都至关重要。团队要按需求平整土地、改变地形，也就是用地图编辑器之类的插件调整宫殿所在的山体的形状。

3

后墙、大门和窗户

这个阶段，团队开始对宫殿的后墙、大门和窗户进行施工。这些都是这座建筑的大部件，需要整个团队齐心协力，保证每个部件的尺寸和位置都准确无误。

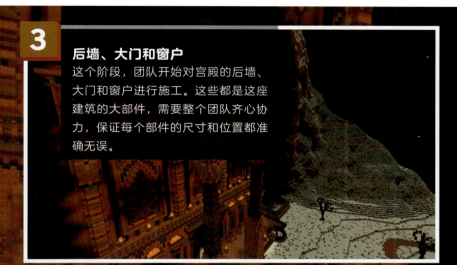

4

柱子与承重结构

米列西沙漠宫殿给人印象最深的部分就是正面的主柱。主柱的底部比较粗大，顶部则比较细小。与其他正式部分一样，这些柱子都是纯手工搭建的。

5

主殿顶和顶部建筑

在开始装饰内部的大规模施工前，团队要先建造宫殿的主殿顶以及相关的内部结构。弯曲的横梁给宫殿的内部增加了古朴气息，拱形结构也让大殿呈现出大教堂的氛围。

6

内部装饰和巨大的背景板

随着建筑接近完工，团队也将工作重心转移到了宫殿的内部细节装饰上，以使建筑更加精美。比如增加内部立柱，修饰细节装饰以及为教堂风格的墙壁布置灯光。团队还在宫殿后部添加了一个巨大的像门一样的结构，用作能发光的背景板。

田园风情

一座巨大的庄园

用自己的农场保护动物们的安全

    马、猪、牛、羊、鸡和鹦鹉的共同点是什么？对啦，它们都是你在《我的世界》里建立农场时必不可少的动物！我们的高手训练营可是深层次教程，肯定不会只教你简简单单地围个圆圈。我们的农场会有一个大型马厩和一座水塔，还会有一些较小的建筑，包括能让你那些长羽毛的朋友居住的鸟舍和鸡笼。我们还会教你一种只需花费很少精力就能收获农作物的方法。在这个单元就轻松一点儿吧，把《我的世界》玩成《模拟农场》不也挺好的。

01 基础框架

好像所有的项目都是从前门框架开始搭建的，毕竟这样能更容易地确定其他部分的规模。从左到右，依次放置一块石砖、一个石砖楼梯，接着再来一块石砖，右边空出四格后放置同样的组合。然后在每组的两端按图放置两块云杉木，注意其中一块是放在斜对角的。最后把两组都往上搭三格就可以了。

02 畜棚正面

在斜对角位置的两根木头上面横向放置一排木头，在石墙的顶部用云杉木做一个三乘三大小的木墙。在对称的两个木墙中间做一个比它们高一格的门框，并在门框里放上云杉木栅栏。然后做屋顶，屋顶的规格是：一个木台阶、一个楼梯、两个木头、一个楼梯、一个木头、一个楼梯、一个木头、三个楼梯、一个木头、一个朝向正面的倒楼梯，再把刚刚造好的结构按镜像做一个对称的结构。最后用倒楼梯填补屋檐的空隙，畜棚正面就完成了。

03 制作屋顶

　　在开始做屋顶之前，需要把上一步做好的屋顶结构的背面再做一次，使它的厚度变成两格。做好之后就可以继续做屋顶了——向后盖二十块石砖就够了，你也可以根据自己的喜好适当增减砖块数量。最后，记得再做一次正面的木制结构，同样也是两格厚度。对于屋顶下方的房檐，只需要铺一条石砖台阶就可以了。

04 上半部分

　　回到畜棚正面，前往上半部（最上面的缺口处），在门上放置两列与下方门框平行的云杉木，但需置于门框列前方一格，使畜棚显得更立体。接着在两列木头中间再放置一列，同样比门框靠前一格。之后用云杉木板将三列木头后面一格的墙面砌满。此外，我们还可以在所有木梁的交叉点添加装饰木桩，当然你不喜欢也可以不加，因为这并非必需的步骤。

05 畜棚背面

接下来做畜棚背面。底下的两堵墙仅需复制正面的墙体。若不想数格子，可先在屋檐后面一格放置一条木横梁，然后在横梁后面一格造墙。立起几根柱子，和正面一样加上墙和窗户。与正面不同的是，背面不需要入口，所以门的位置也需要砌上。

06 侧面墙壁

　　建造大型建筑的关键在于避免过度装饰不重要的部分。我们在前墙和后墙已经做了很多突出的结构，为了不喧宾夺主，侧面墙壁应保持简洁。因此，用石砖把两侧墙砌好，简简单单的两面石墙即可。接下来，只需再开几个两格宽的洞口，并用栅栏封好。由于侧墙造型简单，当人们走近这个畜棚时，不会因建筑过于繁杂而不知道看哪里，大家的目光自然会先被正面所吸引。

07 畜棚内部

　　先找到上半部分的云杉木板，在这个高度平铺一层地板——这上面将成为二楼。然后在地板上挖两个洞，并在洞内放上能让人爬上来的梯子。在二层的角落放几个干草块，上半部分就布置完了。下至一楼，在中间用沙砾铺一条路，在两边建几个动物围栏，并放置几支照明火把。最后，生成你喜欢的动物，属于你的畜棚就搭建完成了。

08 迷你马厩

　　先照着左侧的图片搭建一个框架，作为马厩的地基。地基搭好之后，继续按照这一样式向上搭建，总高度为四格。随后盖屋顶，其实就是一个标准的楼梯式屋顶，填补空隙即可。进入内部，在入口铺上沙砾，其余的地面则铺上砂土。加上围栏，再生成几匹马，整个马厩的搭建就完成了。

助农拖拉机

这个带黏液块的活塞推进器可以帮你收取作物

1 先竖着放置两个方向相对的活塞，然后打碎下面的活塞，只保留一个悬在空中的活塞。紧贴着悬空的活塞横着放三格黏液块，在中间黏液块的另一边放一个朝向黏液块的活塞，再放一个背对该活塞的活塞。最后在第三个活塞的正面放一个黏液块。

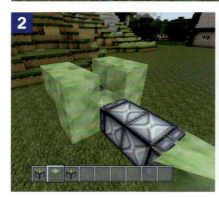

2 到这一步这个装置的核心已经基本完成了。这一步的操作只是为了让它更
接近拖拉机的造型。多放几个黏液块，跟最开始的左右两个黏液块组成倒
"L"形。在这个倒"L"形黏液块下面放上黑色羊毛，当作车轮。虽然用大车
轮看起来更漂亮，但那样拖拉机就太重了，为了让拖拉机能正常运作，我们还是
用小车轮就好。

3 来到拖拉机的车头处。在核心装置最后那个黏液块的左右两侧分别横着放
两个黏液块，这就是车头。现在，你再往车头下面放一排楼梯——我用的
是云杉楼梯，你想用什么风格的都可以。

4 到这一步一定要特别注意，不然你的拖拉机可能会走到世界尽头的扶桑树
下。如果你不想把树上的太阳也收割了的话，就得分毫不差地照此操作：
在两个倒"L"形黏液块中间放一块红石，在车头上也放一块，就是犁的中间那
格上面。现在你的拖拉机还是一整块不会动的死疙瘩，别急，我们继续操作。

5 把你想让拖拉机收割的作物种在它的前面。然后在耕地的另一头放置一排
方块，这样拖拉机就会被挡住，而不会无限制地向前行驶。如果你的拖拉
机在行驶时出现故障，不用特别担心，这是常有的事。好了，我们继续操作，把
最后一块红石放到车尾的红石前面，然后立刻把它挖掉。之后你的拖拉机应该就
会动起来了，它会帮你把所有庄稼都收割掉！

09 鸡笼

在城市材质包里，鸡肯定是被改成了鸭的样子。所以严格来说，这是个鸭圈。做一个宽四格、长十格的方框，面朝宽边，在左边第二格加一个门，然后往右边继续盖两格墙。用砂土铺好地面后，把门的右侧墙壁改成看起来像铁丝网的玻璃板。虽然在大家的常识里一般都用铁栏杆，但其实大玻璃窗更适合鸭圈。

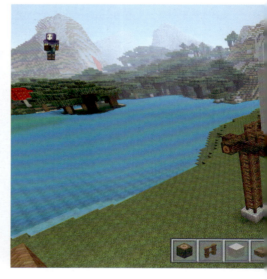

10 水塔

　　说起农场，肯定要有一座水塔，虽然没人知道是为什么，但盖起来后看着还不错，所以盖就对了。用圆石造一个二乘二的平台，在每块圆石的上面放置栅栏柱。往右隔七格，再做一个，然后再朝身后方向隔七格对应做两个。以上四个结构都是一样的，而且能组成正方形的框架。

11 水塔顶部

　　抬头往上，用木头和木板造一个平台。在上面造一个盛水的容器，规格应该是横四格、斜一格、竖四格、斜一格、横四格、斜一格、竖四格、斜一格的圆柱体（按这个规格建，最后应该是首尾相连成一圈）。在底座平台放一些栅栏，再把水箱装满水，水塔就建好了。

12 鹦鹉鸟舍

做一个七乘九的框架。把门放在左侧长边第二格的位置，然后再做内部。用灰化土块铺地板，再用橡木楼梯和石砖台阶在角落里给鹦鹉做一根栖杠和一棵小树。给鸟舍加上玻璃窗和玻璃天花板，这样鹦鹉就不会飞跑了（游戏里鹦鹉的习性就是到处乱飞），最后生成几只你喜欢的鹦鹉就完工了。

大型自动化农场

　　有了自己的农场虽然已经够棒了，但如果是生存模式，你还得填饱肚子，还要喂养动物，那该怎么做呢？这时候就需要自动化农场帮你解决这一系列问题了。这座多层级自动化农场由 isaacladboy 建造，里面种了小麦、胡萝卜和马铃薯，一次收割就能供你的动物朋友们吃好几个星期。它的工作原理是，每个部分的最上面都有一个能开关的水槽，要收割的时候，按下按钮，水就会把所有作物冲到地面上，你只需要站在那儿就能直接把作物捡起来。是不是觉得这个装置很酷？那就翻到第七十八页去看看这个自动化农场的教程吧！

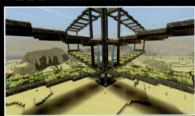

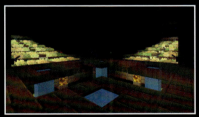

13　收尾工作

　　最后需要做的就是用一些特殊的技巧让我们的农场设施变得更完善。首先，用草径块把农场里的各个区域都连接起来（你也可以用铲子击打草方块让它们变成草径块——注意不是挖）。其次，在南侧造几块六乘十二规格的巨型麦田。注意每块麦田之间要留一格的空隙，以免它们看起来杂乱无章。再在田里撒上骨粉，这样你的农场整体看起来会更棒。

旋转风车

建造一座能转动的风车

这是一份用命令方块让风车叶片转起来的搭建教程。

大家一开始肯定会畏惧编写命令方块的指令，但只要掌握了其工作原理，你会发现实际操作其实并不复杂。我们将用远方秘境（Beyond The Lands）材质包来衬托建筑。对于电脑端的用户，约翰·史密斯（John Smith）材质包同样适用，当然也可以继续使用忠实可靠的默认材质包。注意，如果你不是电脑端玩家且未更新至跨平台（Better Together）版本，将无法使用命令方块。尽管如此，你依然可以参照本教程造出一个好看的风车。

01 开始建造叶片

　　准备好云杉木栅栏、一个铁块和淡灰色羊毛。从距离地面七格高的位置开始建造，垂直放置十一个羊毛块。在羊毛块的左侧添加一列木栅栏，并在这列木栅栏上额外放置一格栅栏，再往上加一个铁块。羊毛块的右侧则需多加两列羊毛块，其中第一列为七格高，第二列为四格高。接下来，以铁块为中心，按不同的方向重复上述步骤三次。

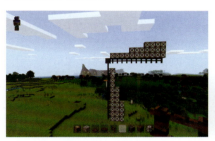

02 建造另一组叶片

　　这一步我们再造一组叶片，使风车看起来像在转动。靠近铁块，将另一块铁块放置在其前方三格的位置。按照图示，将绿色的羊毛块交叉斜放，尽管我们稍后会将其挖掉，但请理解教程中的每一步都至关重要。之后放上栅栏，并用灰色羊毛块做叶片。你可以参照右侧的图示，先用四个灰色羊毛块做一个正方形，然后不断叠加倒"L"形的羊毛块。

03 建筑扩创

想象一下，在所有叶片周围环绕着一个巨大的方框。在第一组叶片周围的方框右上角和左下角放置浮空的红色羊毛块。对第二组叶片也采取同样的做法，只不过使用的是绿色羊毛块。我们将右上角的红色羊毛块称为红1，左下角的红色羊毛块称为红2。按这个规则给绿色方框的羊毛块命名：右上角为绿1，左下角为绿2。准备笔和纸，稍后会用到。

04 确定坐标

把你的纸笔准备好，站在红1上。打开聊天框，用键盘输入"/TP~~~"。之后屏幕上就会显示一组坐标，把小数点后面的数字也一起写下来。不同的世界、地图的坐标肯定会不一样，但你能用这个方法得到三个数字。接下来分别站到红2、绿1和绿2上，用同样的方法得到对应的坐标。至此你总共记下了四组不同的坐标。

05 较简单部分

再打开聊天框，输入"/give@P command_block"，之后再输入一次，你会得到两个命令方块。按照图示创建红石电路，把每个中继器都调到刻度三。之后随便找一处开放空间（离叶片的距离为20～30格！），然后查看坐标并做笔记。这个最后的坐标叫终1，记住这个简称，下一步会用到。

06 继续

单击右侧的命令方块，再单击出现的文本输入框，输入"clone"后接上红 1、红 2 和终 1 的坐标，不需要输入坐标自带的逗号，但需要在有间隔的地方打一个空格。随后单击另一个命令方块，输入"clone"后接绿 1、绿 2 和终 1 的坐标。按下旁边的按钮，两组叶片就会变成一组，像在转动！

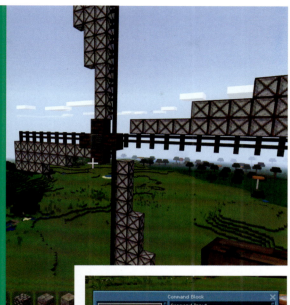

07 建造风车塔

在叶片中心的铁块后方添加一个铁块，接着制作一个木制的十字结构，然后在十字的斜角位置放置楼梯，并用橡木块做一个五乘五垂直方向排列的木排。木排的两端分别向后斜着放置一列，再添加两个与第一个木排方向垂直的、规格为五乘五的木排。做到这里你应该明白了，需要把这个圆形补完，接下来用云杉木块和木栅栏在除叶片之外的其他三个侧面做窗户。

进一步定制

一些改造风车的小窍门

1 早在中世纪，人们就使用风车磨玉米面了。后来，人们把要磨的粮食从大麦、玉米变成了小麦。你应该知道，小麦同样可以用于制作干草料。那么以前的人们是如何保持草料干燥的呢？他们会用滑轮组将草料运至高处，下图展示的就是这种提升运送装置。

2 在塔里面先放几个干草块，虽然你想放哪里都行，但如果你是个爱整洁的人，还是老老实实把它们堆在角落里吧。然后，用木板和石砖台阶做张小桌子，再加上熔炉、工作台或铁砧之类的功能性方块。

3 放好梯子之后把地板铺好。我们接下来要做一个游戏机房，中世纪建筑有个游戏机房是很"正常"的。在石英台阶周围放上黑色羊毛，这就是一把舒服的椅子。在椅子对面放一幅画当作电视画面，再放几张画（二乘一规格的）当作应援旗帜。

4 现在我们开始做卧室。不过，要记住别太豪华，毕竟这座建筑是田园风格的。放一张床，在它旁边放一个箱子和一个带按钮的方块，这样它旁边就好像摆了个小床头柜。在房间的右边，把方块叠放后加上按钮做成衣柜的样子。最后，我们再来制作一套精致简单的桌椅。

5 如果你不喜欢用命令方块代码的话，我们也可以造一组颇有动感的简单叶片。要做这种叶片，得先在铁块的四个侧面放上木板，然后在四个斜角放上栅栏。斜着放四条七格长的木板臂，在这些木板对应的侧面放好栅栏，每条臂上的栅栏都放上三格羊毛，也就是一条臂放七排。这个方案简单吧！

08 建造斜顶

　　是时候把屋顶造起来了，不过这次可不是那种老式屋顶。先斜着往上放一列石头块，并排多列铺斜顶，斜顶的两边都要比木排多出一格。在石头外面加一层石砖楼梯，前后两边也要放（这样可以增加屋顶的纹理感和立体感）。最后，我们用云杉木板、楼梯、栅栏和橡木门把空隙补好。

09 长腿和微墙

　　还记得上面那些斜着放的木列吗？把它们延长到地面，变成四条腿，它们能帮我们确定其余结构的位置。在地面造一个直边长度为五格的石砖圈。我们还是用绿羊毛量好格数，简单说就是长度为五格的直边，到两根木列形成的边的中间点的垂直距离是三格。

10 建造底座

　　用圆石把石砖圈内的地板铺满，然后把所有墙面都拔高——到五格就可以了。石砖圈角部的宽度是一格，把石砖列换成橡木块。在有叶片的那面加扇门（因为是正面），然后走进去，在其他三面墙上各敲一个三格高的洞，放入栅栏和玻璃板。

11 建造屋顶 / 地板

不错，我们每层的屋顶同时也是上一层的地板，省事吧！拿出你的云杉台阶和木板，把它们放在五格直边的中间格，以及两格斜边靠外的那格。具体放法是：先放楼梯，在楼梯上面放一个木板，然后在木板前面加一格楼梯。用云杉台阶利用框架在外面围一圈，然后把中间铺满，形成一个平台。在最外圈放上栅栏，就可以进入下一步了。

12 建造墙身

在每条腿的外侧放两格橡木块，放完之后，你应该能用石砖把它们连成一个圈。然后，还是往上拔高到五格，还是敲三格高的窗洞，用栅栏封死。拿出你的云杉楼梯，这是最后一次使用它了，把它放在五格直边和木块上，然后用石砖台阶把这些楼梯连接起来。

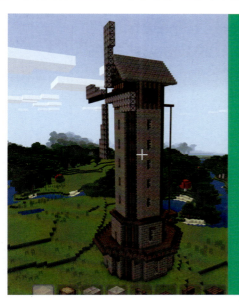

　　现在进入收尾阶段，马上就要完成了！在楼梯块的内圈放上石头，然后一直把石头搭到顶上，也就是盖四堵石墙。接下来，你要根据叶片的位置判断窗口该做多大。我做的窗户是两格高，每扇窗户间隔也是两格。如果这个尺寸不适合你建的塔，你大可以随便更改窗户和间隔的大小，找到能让你满意的尺寸。现在，站远一些，激活你的命令方块，看看你造好的逼真大风车吧。

转变不息

不同款式的风车

　　你只要学会一种造风车的技法，就等于掌握无数种修改款风车的造法。右边的建筑由迷失灵魂（LostSoul）设计，虽然造型加上了扭转的样式，但应用的原则都是最基本的。他通过加大底座得到了更多的建设空间，这也代表着更复杂的设计，比如在入口廊道、塔楼或花哨的角落增加顶盖结构。另外，只要你把每个靠上的部分都建在它下面部分的后一格，你就能建成三角形的风车造型。话说，好像只要是带着一组旋转大叶片的建筑，看起来都像风车。

迷你建筑

几分钟就能建好的惊奇物件！

教你五分钟建好一间小厨房

01
开始

放两排石英块，把中间两个石英块换成有绊线的炼药锅，往上面再放几个石英块，最后用按钮当作把手。

02
该做烤箱了

放四个烘焙烤炉，在上面铺上测重压力板，然后用灰色羊毛和灰色地毯做成烟囱的样子。

03
冰箱也准备好了

把台子往外扩两格，然后把铁块按立式二乘三的规格放置，加上一些按钮，这就是一台冰箱了。

04
一起做饭吧

平着放两排石英块，上面铺黑色地毯，往石英台前面的位置也铺一层悬浮着的黑色地毯。把楼梯当作椅子放好。小厨房就建好了！

教你做简单的雕像

01
简单的起始阶段

这个简单的雕像是用石头、石砖和錾制石砖做成的，武器用的则是单根的栅栏和圆石墙。

02
蛇人雕像

只要你理解了建造雕像的基本概念，就可以试着把人像的腿弄弯，做个蛇人雕像了。

03
损坏的雕像

如果你想做个看起来很有历史感的倒塌雕像，得先把完整雕像的一部分敲掉（把对应的方块放在地上），然后用藤蔓和树叶把它盖住。

04
水下雕像

如果你想做个水下雕像，加个木制的王座就可以为我们这位石头朋友增加几分帝王的威严。

教你做四个观赏性小动物

01
全猪出击！

制作小猪，我们就要先做块平板，外带四条两格高的腿，然后把一个三乘三的立方体放在平板上作为头。再加上它的耳朵、眼睛和鼻子。

02
母羊的心头肉！

当然，我们的小羊也长大了。大体步骤和制作小猪一样，只不过要去掉鼻子，并换成羊毛的颜色。如果要做黑毛羊的话，记得要把皮肤的颜色换好哦。

03
落汤鸡？

这到底是鸡还是鸭子呢？它的身体就是个长方体，然后添加些其他部件。最后，至于它到底是什么动物，其实主要取决于配色。

04
真牛哇！

想做一头有斑点的奶牛的话，你只需要再做一次小猪，去掉鼻子，把耳朵换成角，再换个配色。

教你做一个巨大计算器

01
添加数字

做十四个七乘五的方块，再加一个等于其他按键两倍大的按钮，让所有按钮的排布跟真的计算器排布一样。用不同颜色的方块做出数字和运算符号。

02
制作屏幕

在计算器的顶部做一个九格高的面板，然后周围一圈突出一格，这就是它的显示屏。之后，在后面一格把这块屏幕填满。

03
创建机身

从屏幕开始，继续向下，填充按钮后面的区域，这是计算器的塑料外壳。如果你喜欢厚实点的计算器，可以再加一层方块。

04
大功告成

往屏幕里加上一整面红石灯，然后在对应位置的后面放上红石块，就能显示数字了。

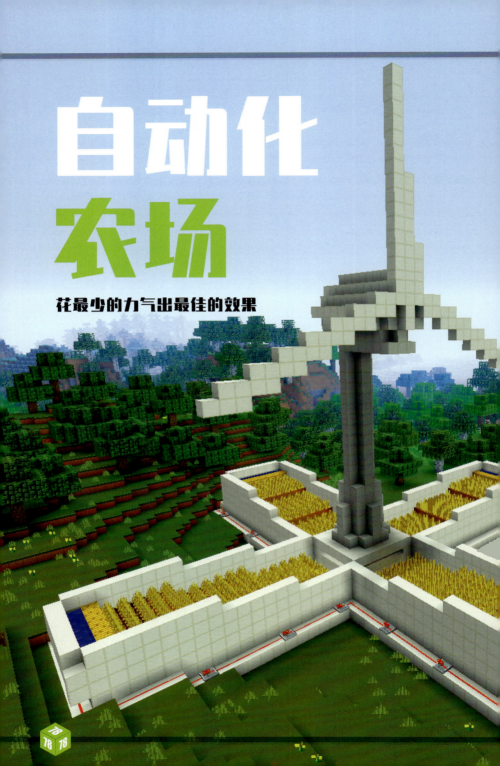

自动化农场

花最少的力气出最佳的效果

真的有人会每次只收一点点小麦，慢慢存够一块面包吗？不可能有人喜欢这种做法吧。花那么长时间一点点地收小麦，只为了一块远不如熟肉的面包。反之，如果有说句话的工夫就能收获 253 棵小麦和约 500 粒麦种的方法，会不会有人喜欢呢？这个教程讲的就是最简易的自动化农场的建造方法。另外，还有一座风力发电场当装饰，这两个方法随便挑一个就够招人喜欢的了吧？

平整土地

咱们先从最简单的部分开始怎么样？用普通却迷人的泥土块，在地面铺一个六乘七的平面。走到它的背面，在第七格往上覆盖一格，再造一个平面。然后在第二层后面往上一格造第三层。现在你一共有三块平面，一块比一块高一格。

往后三步

接下来，我们再造三个部件。首先在第一块平面的前方，放一个大箱子，空一格，放一个小箱子，空一格之后再放一个大箱子。用这个排列方式，让箱子和空行围成一个正方形区域。现在，重复第一步，这次得以箱子为准线。按照图片的样子，砌好石英墙之后把那些准线箱子挖掉。找到之前箱子围成区域的中心，放一个箱子作为标记。

漏斗

蹲下在箱子的四个侧面放上漏斗。这一 **03**
步是为了把所有东西连起来。想测试一下的
话，你可以把方块随便放进一个漏斗里，如果你能看到
方块被装进了箱子里，说明你做对了。下一步，就是在
刚才的漏斗上连接更多漏斗。往上，在泥土平面围成的
方块内圈放一圈漏斗，我们稍后就会把它们挖掉，但现
在暂且留下，省得后面再造一次。

04

向下连接

还记得蹲下放漏斗可以防止物品被卡住，让物品直
接通到其他漏斗的特性吗？我们再利用这个特性，把漏
斗上接中央箱子，下接另一个箱子。测试一下吧，把物
品扔到其他漏斗里，看看能不能顺利通到最后。如果成
功了，就把中央箱子换成漏斗，再试一遍以确保有效。

05　地下隧道

　　既然我们到了地下，那就很有必要修建一条通到外面的隧道。我们要收庄稼时，这条隧道能让我们直接走到最底部的箱子那里。你也可以根据自己的喜好设计隧道的秘密入口，如果只是想做个快速造型，只需要用石英块（跟我们的外墙一样）把墙壁、地板铺满，再往天花板上安一些海晶灯，防止隧道里生成怪物。

06　红石和水

　　接下来，我们就要添加收割作物的机关，以及红石电路了。从第三层的尾部开始，要放两排方块：一排是木块，另一排是木块下面朝上的黏性活塞。我们绕到后面，在黏性活塞旁边放上中继器。用红石火把激活电路，之后在木块后面一格放上水。在每个分支农田都把这个过程重复一遍。

07 完善结构

在四个分支都装上水闸之后，回到隧道的入口。我们要在这个地方放拉杆，当然现在还不行，我们得把这里完善一下。我们也不是非要把这里变得花里胡哨，但因为我们马上要让一个大型的红石电路汇聚于此，所以必须弄些石英块来防止隧道和电路相互影响。

让你的风车变得混搭

不同的设计能令时光倒流

1 这一步是为了确保你能正确搭建地基。具体来说，是确保你能正确建造一个巨大的圆圈。直边是七格木头（目前别用木板），右边斜一格，并排放两格，之后斜着放三格。然后转向，斜着并排放两格，接下来就是另外一条七格直边了。重复这个套路，围好这个圈。

2 这一步造主塔。用云杉木板给地基加高五格。接下来往里一格做个小圆，往上七格。再往里一格、往上五格。然后，我们恢复原本的大圆直径，让塔顶部分先悬在空中，最后把空隙填满，塔坯就准备好了。

3 做一组有动感的静态叶片有一定的难度。找到顶部的中间，放两个向前突出的煤块。用橡木板在煤块的侧面围一圈，然后按照图里的样子放上石英块（无视绿羊毛即可，和之前一样是方便定位用的）。

4 把一块大结构分解成一个个小部分，能大大降低《我的世界》的建筑难度，这也是我们在石英块里面掺入绿羊毛的原因。每个叶片都是先搭一个两格的长条，接一个二乘二的正方形、一个"L"形、一个三格长条，再接两个正方形，最后是两格长条。你在做叶片的时候不需要用绿羊毛，只用石英块就好，在这里用绿羊毛的原因和上一步一样，用于帮助大家分辨步骤。

5 现在还需要做的只剩下叶片的外侧部分。找出橡木，每块都要放在离对应的石英叶片一格远的地方，搭到橡木需要三格长条之后就不要搭了，最后的正方形和两格长条不需要这个部分。最后，用云杉木栅栏填补空隙，方法简单却效果满满的风车叶片就做好了。

08 完善红石

好了，欢迎来到红石速成 101 课堂。用红石连接电路时，由拉杆或红石火把产生的能量会随距离增加而减弱，也就是说距离过长时电路就没有能量了。要解决这个问题也很简单，只需要在红石变暗的地方放上中继器（要面向电流传播的方向放置）。你可能已经猜到了，我们现在要用红石连接所有黏性活塞中继器，而且要根据需求放置更多中继器，最后在隧道口旁边加一个拉杆。

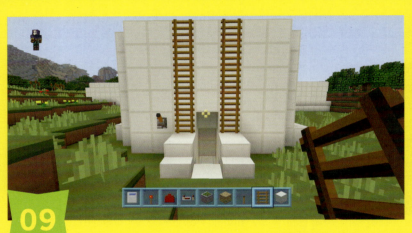

09

修建顶棚

你应该知道，接下来需要在隧道入口周围建上围墙，把在入口正面的红石遮住（在没有拉杆的那一侧放个中继器）。为了增加些设计细节，我们放上楼梯，方便我们爬上去种新的作物。然后，你也可以继续造墙把所有红石线路都藏起来，但说实话，你费了那么大工夫做的红石电路，为什么要全藏起来呢？来，露出来好好炫耀一番！

10 装置改良

　　我们回到"X"形田地的中心，敲掉泥土块上方的漏斗，把它们放到下面一格。这项改造能让水推庄稼的效果更好，防止其卡在平坦地带。你也可以在中央区域周围建几格石英墙，石英墙能起到堤坝的作用，同样有助于庄稼随水流到漏斗里。

试用机关

　　到了验收的关键时刻！先种好作物，我们选的是小麦，当然其他作物也是可以的。在田间撒上骨粉，加快作物生长，然后关闭自动保存（方便验收失败后重置田地）。这时就可以拉拉杆了。上面的木块应该会往下降，水就会流下来冲走庄稼。再拉一次拉杆，就能让水流停止，我们就能进入隧道了。如果机关制作成功，以后我们就能随便使用它了；如果制作失败，就先检查红石电路是否正确吧。

风车之一

12

　　为了让风车看起来平整美观，我们把中间区域的上部填好。在中间做一个五乘五的正方形平台，然后把四角的方块敲掉。把平台中央搭高五格，把平台外圈每条边的中间那格往上加三格（形成"T"形）。再往上是十字形的结构，这个高度要很高，然后在顶端造两个看起来像"T"的扁平图形。

13

风车之二

我们继续建造涡轮机的顶部。其实就是一个向后造的大长方体，把它的角敲掉，形成阶梯的形状。然后在正面的"T"右边造七个逐渐往下的正方形，在最后一个正方形右边再加一个方块。接着在"T"的左边同样这么搭。最后，在上面做一个三格宽的柱子，每列的高度都要不一样。

终极小麦场

　　地球人都知道，游戏内肯定有一条纪录的名字是"最大的小麦农场"。那么，一个人要有多少小麦才能打破这个纪录呢？答案是 90 717 棵小麦（以及 272 161 粒种子）。这个数量可太大了！这能做多少个面包啊！

　　但是，这座农场有的可不只是一望无际的麦田。它的主人阿尔韦特龙（Alvtron）还在农田周围建了很多不同的建筑，比如设施齐全的卧室。他们注意到，整个农场能一次性种植一万多棵小麦，毫无疑问，阿尔韦特龙这座庞大的农场就是有史以来最大的小麦农场。

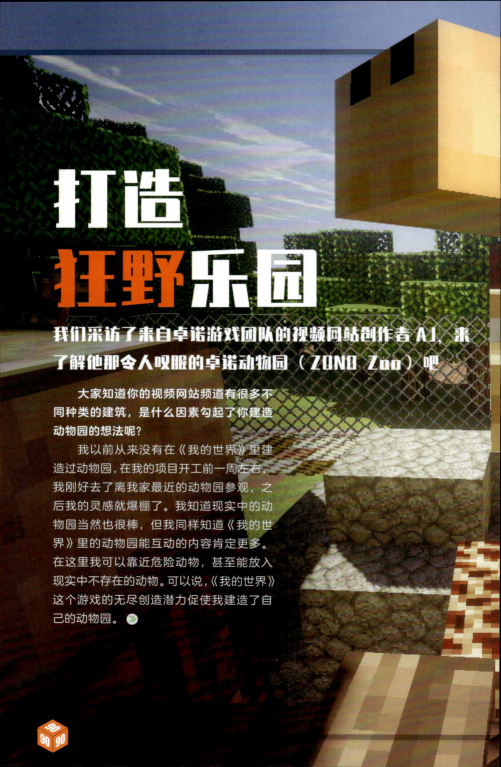

打造
狂野乐园

我们采访了来自卓诺游戏团队的视频网站创作者 AJ，来了解他那令人叹服的卓诺动物园（ZONO Zoo）吧

大家知道你的视频网站频道有很多不同种类的建筑，是什么因素勾起了你建造动物园的想法呢？

　　我以前从来没有在《我的世界》里建造过动物园，在我的项目开工前一周左右，我刚好去了离我家最近的动物园参观，之后我的灵感就爆棚了。我知道现实中的动物园当然也很棒，但我同样知道《我的世界》里的动物园能互动的内容肯定更多。在这里我可以靠近危险动物，甚至能放入现实中不存在的动物。可以说，《我的世界》这个游戏的无尽创造潜力促使我建造了自己的动物园。

你用了哪些模组增加生物种类，又为什么用那些模组呢？

我的《我的世界》版本是 1.7.10，能兼容我这次要用的所有模组。我为动物朋友们用的模组有：更好的动物（AnimalsPlus）、札尔克博士的更多生物（DrZharksMoCreatures）、许多生物（LotsOMobs）、祖鲁（ProjectZulu）和野生动物园（ZooAndWildAnimals）。我选择这几种模组是因为它们在动物模型方面都各有优势。例如，更好的动物里有些奇妙的小型动物，如鸟、蝴蝶和鱼，札尔克博士则是以形象震撼的大型动物见长，如熊、大象和鸵鸟。动物模组越多，动物园可以划分的园区就越多，不过这对规划能力也是一种考验。

你是习惯规划好每处围栏和景点的位置，还是更喜欢边建边想的自由式风格呢？

在建造方面我更喜欢自由式。我会先从已经确定好的位置，比如从动物园入口或市政府大楼开始下一阶段的建造。通常来说，在进程进行到一半时我会先停下来，看看剩下的空地分布，以及考虑哪些部分建在哪里效果会更好，之后再继续建造，我发现这对我的整个项目大有帮助。事先计划肯定是好习惯，但我做计划时经常会兴奋得忘乎所以，反而没法正式开始。不过其实还好，

» 动物园内有很多有趣的围场，其中有企鹅和大熊猫

"谁都可以建造属于自己的惊奇动物园，也正是因为大家有自己的独特风格，才让它成为独属于你的动物园。"

» 从头到尾，AJ 花费了大约六个月的时间建设卓诺动物园

我有一个很方便的模组叫地图编辑器，我可以用它选择整个区域，就比如围场，在需要的时候可以直接把整个围场移到合适的位置。

在动物园的建设过程中，你遇到过什么重大挑战吗？

对于大型项目的建设来说，最大的挑战就是失去热情。一个人，每天在同一

» AJ 记录了整个建造过程，六十多个视频均发布在他的自媒体平台

个项目上花费好几个小时，有很大可能会在一周内突感疲倦，或者失去兴趣和灵感。每个人都会遇到这种情况。解决方法也很简单，休息一段时间就可以了，这段时间内不要去想它。之后你渴望创作的劲头就会回归——所谓劲头不就是这么个东西吗？永远不要逼着自己去尝试，或继续一个已经不感兴趣的项目；项目的质量会因此下滑，导致你对自己的作品不满意，在这种情况下返工只会更难，进而陷入恶性循环。

最后，对于想要追随你的脚步、建造虚拟动物园的《我的世界》玩家，你有什么建议呢？

大家要记住，做事的同时享受其中的乐趣是最重要的事。谁也不是成了厉害的建筑师后才能做大项目的；谁都可以建造属于自己的惊奇动物园，也正是因为大家有自己的独特风格，才让它成为独属于你的动物园。绝对不要设置完成期限，全程被撵着的滋味不好受。尽量让每个围场都略有不同，因为每种动物也都有自己的需求，例如，在马场里放上干草，在长颈鹿周围种上高大的树木，给猴子建造攀爬架等。如果你不会用模组，也不用担心，用方块造动物也是不错的选择。不管你喜欢在哪种设备上玩，不管你喜欢哪个版本；不论你想建的动物园是现实风格的还是天马行空的，只要有耐心和创造力，你就能成功。

1 做好研究

搜集你想放进动物园里的动物、围场、建筑、河流和植物的图片，为了不忘记它们的细节，要全程参考这些图片。你参考的图片越多，思路就会越多，就越不会陷入瓶颈。

2 选择模组

如果你可以正常使用模组，就好好找找能实现你的想法的模组，找找包含你喜欢的动物的模组。记得检查模组跟你当前的游戏版本是否兼容。可以在视频网站上找到模组的视频演示和安装方法。

3 从入口开始

建造动物园的入口。你会需要一个售票处、一家礼品店、公共厕所以及能吸引游客的东西，比如动物绿雕、大象园；还要建一座车站，这里有能带游客到各个区域的小火车。

建造围场

在入口附近就要建第一个围场，它能帮你在第一时间吸引入园游客的目光。注意尽量不要让围场之间出现长距离空隙，走很长时间才能看到另一种动物的动物园可没人喜欢逛。要保证游客游玩的积极性！

检查计划

暂停一下，给剩下的动物列个单子。之后你每完成一个围场，就在单子上划掉一种对应的动物。这一步能帮你了解工程进度，也能让你思考什么动物适合放在一起，比如爬行动物或大型猫科动物。

5

6

增加细节

最后一个围场完成后，就可以增加一些额外的部件了。我们可以用些许长椅、几个鸭池、几座小桥和一些儿童游乐设施把园内的空地填满，供游客们休息。对啦，别忘了建路标和垃圾箱！

协同与乱斗

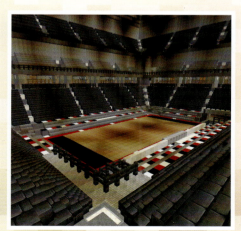

合作建造指南

在多人游戏中与好友合作无间、相互帮助、战胜困难，征服充满创意的世界！

不能一起玩，还叫什么《我的世界》啊？

诚然，你喜欢的话，确实可以创建单人游戏，当个享受幽静的独行侠；但同时，你想独自造出等比例的悉尼歌剧院会需要很长时间，并且你要向谁炫耀自己好不容易达成的战果呢？因此，还是建议你抱着合作的心态加入多人游戏，何况调侃朋友的皮肤，嘲笑他们的工具太差也是一种乐趣……

不过要注意，身为团队的一份子要在一些重要的事上做出让步。大家在一开始就应该制定规则，为了达成目标要先确定工作思路，不然肯定会把时间浪费在无谓的沟通上：不断问别人的计划，在等待回应时也只能退出游戏刷视频。继续往下看教程，让这篇指南成为你们和朋友之间的润滑剂吧！

01 制定目标

服从计划

你们一群朋友在相同的终端上（当然你可能更新了跨平台版本，因此也可以是不同的终端）正式启动《我的世界》之前，应该先在社交软件上进行沟通，确定你们共同的目标。你们要一起建什么，它要建在怎样的环境里，是平坦地形，还是森林、海洋？需要原材料吗（当然，你也不可能不需要）？具体的分工是什么？比如有的人适合做项目指导，有的人想当建筑师，还有的人擅长锻造。在正式开始游戏之前先把这些都确定下来，这样项目开始之后你们才会把更多时间花在有意义的事上，在地图里闲逛的情况会因此减少很多。

02 研究皮肤
伙伴们，打扮起来

　　我们是个团队！我们是合作伙伴！我们怎么才能达成目标？通力合作！怎么样，橄榄球风格的集体口号肯定能激励你和你的朋友们，那干脆弄些团队皮肤吧！想成为跟建筑有关的电影角色吗？如果你们想造一个千年隼号，那么汉·索罗的皮肤（有现成的，也可以自己做）就很适合你们。另外，你们也可以使用原创的团队皮肤，唯一的限制就是你们的想象力：其实这就像是不需要大费周折地换衣服的角色扮演啦！

03

预留空地
你要有自由活动的空间

　　想建城市、动物园、城堡、豪宅或者复刻其他游戏里自己喜欢的东西吗？你肯定想啊！小型项目怎么能配得上你的宏大设想。既然如此，你就需要足够的空间。搜索或者直接创建一个地图，在空地上每条边预留的空间，至少要比你想建的东西多 25 格才行。这样做可以让你有足够的空间规划、试做相对独立的结构，之后也方便把它们加到结构主体上，也可以让你站在远处欣赏或者给项目截图时不至于被其他东西挡住视野。森林或其他拥挤的地形需要花费大量时间来清理树木、平整地面，在这些地方要考虑的事会更多。

04

一点点团队精神

你们要集中资源

　　在生存模式里造巨型建筑，需要大量的木头、沙子和石头，还要具备大量持有它们的生存能力。所以要造一两把镐，再造几个能装材料的箱子。如果你擅长搜集资源，并且已经有了很多资源类方块的话，就先组装一大堆镐、盔甲、武器等东西，然后让团队中探索组的人过来拿。你不要停在那里等，继续搜集木头，越多越好，把它们放在商量好的位置，让建筑组的人去拿。诚然，供货不如建造有意思，但你的工作能让项目进展得更快。要记住，"合作"的重点是行动。

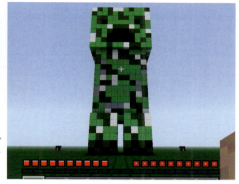

05 以和为贵
各种模式

你想参与什么难度的游戏呢？当然，这个是由服务器的管理者决定的。和平模式固然是最好的选择——你不用在 14 世纪城堡上的炮塔之间和敌对生物作战了。不过和平模式也不是一点伤也不会受，你在挖矿时掉到岩浆里可不能怪别人。

另外，多人游戏要选什么模式值得思考。创造模式简单方便，冒险模式也很有趣。至于生存和极限？救命啊，有个苦力怕是想炸我的厨房……

06 建个住所
晚安好梦

你应该知道，单人模式里带床的住所不论是作为重生点，还是作为快速过夜的场所，都是很有用的。你想建造体量极大的景观且不迷路，又或者是遇到更糟糕的情况：你死后在离建筑很远的地方重生——因为整个团队很可能走出两百格才找到合适的建筑环境，这两种情况都表明，在多人游戏里，住所的重生点功能远比过夜功能重要。另一方面，你应该知道，在住所里面放置明亮的光源能防止生成敌对生物，还能简化你们的建造过程。所以说，跟朋友们一起建个住所吧！

07 该战斗了
你不是木头

　　一个敌对生物攻击你的同伴时，只要你在现场就应该去帮他们，同时还要警惕其他怪物在树丛后发起偷袭。集中注意力搞建设的时候，我们通常会忽视背后的偷袭，这里有个技巧，可以极大程度地减少损失：将大量木板铺在你的建筑的周围。确实，这可能会让那些木板受到伤害，但敌人踩到它们时，它们会发出很明显的咚咚声提醒你，这时候赶紧放下手里的木头拿起钻石剑战斗吧！

08 善用服务器
在方块之外

　　多人冒险真的是《我的世界》的精华所在，大家可以远距离交流，面对困难也不用孤军奋战，大家可以相互扶持、共同解决问题。大家也可以为团队设想其他的游戏环境，尤其是现在有了跨平台版本，不同终端玩家也能合作游戏了。打僵尸、建城市、场景生存或者跑酷……包含了这些玩法的服务器有很多。对了，还有一件事要告诉你。如果你找不到同伴，可以随时用 /tp 命令把自己传送到他们身边。好好玩吧！

315
97
150

09 打开话匣子
只要说出来就好办了

　　虽然前面说过，在初期共同制定计划是重中之重，但在游戏过程中的持续沟通能让一个本就优秀的项目锦上添花，甚至变成堪称伟大的建筑。一个建筑开始搭建之后，团队中每个建筑师都有可能提出改进方案——使用不同的材料，创造视觉效果的新方法；甚至仅仅是改变细节的精巧红石，都能让这个建筑变得更加独特。不仅如此，你们还可以互相提醒潜在的问题或者危机：比如资源供应不足，又或者是讨厌的苦力怕要来炸掉你们几个小时的成果。沟通真的相当重要！

10 玩得开心

你们是一个团队
精诚协作的团队

团队游戏中一个很重要的环节就是相互理解，总会出现要做出让步的情况——不可能所有的事都要按你一个人的设想发展。要努力用包容的心态参加团队内的会议，你们讨论的任务都是创造性问题，自然会有各式各样的思路，通常不会有所谓"唯一正确"的想法。你也许会发现一个朋友用了你根本不会考虑的方法，但关键不在于你会不会考虑，而在于它能不能完成任务。不要让先入为主的观念和难以改变的个人习惯影响整个团队的状态——每个成员在团队中的心态越好，整个团队的状态才能越好。

迷你建筑

几分钟就能建好的惊奇物件

教你造一座残破的玩家竞技场

01

修饰地面

把石头块、石砖台阶和楼梯围成一圈，划出竞技场的边界。要够两个玩家对战，直径至少得 25 格。

02

各就各位……

造三面墙，用楼梯从地面搭到墙顶，这就是我们工程的起步区。在上面加些方块当作顶棚。然后在整个竞技场的范围内随意摆放这个结构。

03

预备……

在断壁残垣之间造些障碍物，比如拱门、矮墙和柱子。这些障碍能让我们的对决更加精彩。

04

跑！

随便放些方块、石砖台阶和楼梯收尾。布局尽可能杂乱无章。最后，参战双方各拿一把弓和一柄剑，来对决吧！

教你建一片紧凑型双人农田

01
准备土地
开垦一片九乘九的草方块。把中间一格挖掉，倒上水。等这些耕地颜色变深，就可以开始种地了。

02
保护庄稼
在田地周围修一圈围栏，围栏的立柱要紧贴着翻过的耕地放。最后别忘了加个门！

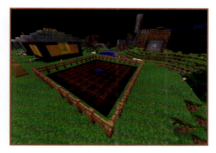

03
躬亲种植
挑一种作物——我们选的是西瓜和南瓜。放两排西瓜，再放两排南瓜，然后用第三种作物把它们隔开。

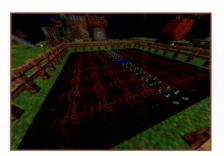

04
收获满满
等你的作物长成之后，你就可以抽空收割了。如果你觉得南瓜和西瓜平平无奇，也可以换别的作物。不过，还是要把不同的作物隔开哦！

教你做个露营基地

01
造篝火坑
用石砖和石砖台阶做个七乘七的篝火坑。在下面放上下界岩再点燃，火就能一直燃烧。

02
座位和围栏
在距篝火坑一格的地方，放四组木板台阶当作座位，在四个角各放一根木栅栏作为装饰。

03
搭建帐篷
我们的帐篷类似于地面上的屋顶。至于其他的细节，在帐篷里面的两边放上石头和栅栏就行了。

04
自然风景
接下来，想象营地周围有个方框。在方框的角上建上直角形的围栏。最后，挖一个池塘，加一些花草树木，就完成啦！

教你做个诡异墓穴

01
挖掘洞口

挖一个六乘三的三格深洞。按照下图的样式布好红石线路和黏液块。

02
灵魂沙与活塞

在黏液块上依次放：一块灵魂沙，一个装备齐全的盔甲架，一块灵魂沙和一个向下的活塞。启动活塞，然后再把活塞拆掉。

03
盖上草皮

该把我们的小惊喜藏起来了。放上草方块和压力板，然后在下面的 L 形上照着图里的样子放上红石。

04
做出墓园

跳到压力板上看看机关能不能正常工作。如果能的话就万事俱备了。如果不能，就需要重新检查。最后，布置一个超诡异的小型墓穴吧！

造一座
古罗马竞技场

一座能与朋友战斗的巨大竞技场

建造一座竞技场会花费大量时间，但这并不代表它不值得你去建造。

没有什么比完成这种庞大的项目更令人满意了。你也完全不用担心做不好，我们会手把手地帮你完成这个建筑。

在这次的教程里，我们会介绍基本信息，比如从哪里开始、做什么长度等，会很细致地让你知道哪个部分该放在哪里。我们要在沙漠山的附近开始建造——因为这能让它看起来像是一座被沙子掩埋的废弃竞技场。你懂的，这么做会给人很帅气的感觉。

01 起步圆圈

我们要先找一片漂亮且平坦的区域。在这里，做一个直边长度为五格的小圆，转角是斜着两格。在直边的中间，用木台阶造一座三格宽的桥。长度由远及近依次是四格、三格、五格、三格和四格。第一座桥看起来效果还行，那就在其他三条直边的旁边也造出同样的桥吧！从上方俯视的话，最后的形状应该是一个圆，中间有个穿过去的"X"。

02

桥头描边

在每座桥的尽头，直着放一排七格长的石砖（也就是两端各比桥长两格）。在另外三座桥尾也放好之后，就到了需要一定操作技巧的部分了。在每条直边的两端，斜着放三组两格长的石砖。在所有直边的两端都搭好之后，你应该可以自己用斜放的单格方块把几个部分都连接起来了。最后照着图里的样子，用石头装饰内部平台。

03

挖个大洞

这一步可能会耗时长一些，所以放些音乐边听边干吧！把上面大圈里桥下的东西全挖掉。手动往下挖六格再用 TNT 就没有风险了。你想直接用 TNT 也可以，但要重新把上面的东西做一遍，因为……你知道的，嗯！在这个大洞大约十格深的时候，沿着圆往下造一圈石砖围墙，最后用水把这个洞灌满。

04 建造外圈石墙

从最中心的小圆的直边开始，往外数十一格，放七格长的直边。然后是一个需要操作的部分，套路跟之前差不多：在直边两端斜着放九组两格宽的方块。每条边的两端都放完后，你应该只有两格的空间斜放一个单格方块。把墙拉到四格高。在竞技场里造几根柱子，并在外部顶端添加一圈石头。

05 下部看台

看台的座位要高出半格，因此要沿着石墙的外圈铺设石砖台阶。铺满一圈之后，拉高半格，再往外围一圈。重复这个操作，直到形成四个圆圈。接下来拿出石英块和栅栏。先用石英块围着最外层的石砖台阶搭一圈，然后拉到四格高。最后，在最里面一圈墙顶上加上围栏。

06 上部看台

　　这一步大体上就是重复上一步，只不过开始的地方不一样。第一块石砖台阶放在石英墙顶端的下半部分，地面相当于往下了一点，前面的墙就相当于护栏，防止观众在看台边缘站着时摔下去。我们还是要造四层，每层比上一层高半格。当放好最后一块石砖台阶时，观众席就彻底完工了。

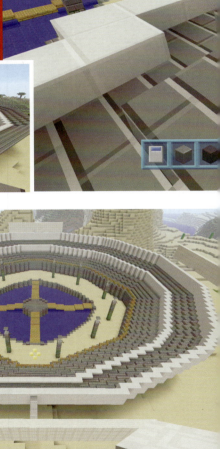

07 看台边缘

还记得我们的老朋友——第五步里四格高的石英墙吗？时隔一步，它又来了。把石英块放在最上方石砖台阶的外面。我们要像之前一样往上堆，让这些老伙计长到四格高。做完这一步，我们退到远处，来看看我们的建筑变成什么样子了。看起来还挺好的，对吧？

08 外墙

从外层石英墙直边的中心开始，用石砖台阶往外搭五格。在这五格的末端建一堵四格高、二十七格长的墙壁。在石英墙的另外三个直边重复这个操作，然后在墙壁的一端分别斜着造九格长、七格长、五格长、五格长、两格长、四个单格的柱子。在墙壁的另一端重复一遍，这样就形成外墙圆圈的四分之一了。继续在其他墙壁两边重复这个操作，最后建成一圈四格高的外墙。

09
建造柱子

　　我们在这里稍微缓一缓，想想怎么做出造型精美的柱子。先做一列石英块当作柱子的主体。在底部放石英楼梯，顶部放四个石英块。在这些凸起的前面和下方以及夹角都放上石英楼梯。之后在凸起的上方放一块倒着的石英楼梯和铁栏杆，在铁栏杆上再加一块石英楼梯。很简单吧！

10 最终阶段

　　知道那些可爱的柱子怎么做了吧？现在，走到外墙的下方，往里一格，造三根柱子。中间那根柱子位于墙中间，靠外的两根柱子应该位于墙的直角边缘向内三格。

11
收尾阶段之一

　　用石英块在柱子的前面放一排石英块，在石英块的下面，靠里面一格放一条红色羊毛，再下面则又是放一排石英块。让红色羊毛沿着外墙铺一周——当然要顺便把一圈的柱子都造好。然后用石英块把下面一层楼板铺满。

12 收尾阶段之二

在每根主柱的背面用石英柱块做出凸起装饰，从中间一直搭到顶。在红色羊毛上面一层铺石英块作为地板。拿出石砖，找到从天花板上露出来的石英墙，给它们续上石砖，一直续到上层地板为止。在下层，把石砖换成石头，接着往下造墙。顺便给你一个忠告：这可是个长期工程，最好找个朋友一起做，放音乐的时间也要长一点。现在这里已经有点儿黑了，对吧？那在这儿加几个海晶灯就好了。

13

细柱装饰

为了造这个建筑大家真是辛苦了，最后我们做些简单的工作吧。接下来，我们要重复 1 到 12 的过程，不过这次需要向右偏移二十格。哈哈，开个玩笑！拿出栅栏，围着竞技场外墙顶部做一圈五格高的细柱。做完之后，你就可以欣赏一下自己的劳动成果了，找几个朋友来一场角斗也不错。或者，也可以只是坐下休息一会儿，怎么开心怎么来。

篮球馆

　　你掌握了设计竞技场的基本原理，把它改造成其他东西就不在话下了，能限制你的只剩下高度限制了。下面这个篮球馆跟竞技场的原理是一样的，只不过尺寸不同，把之前最先造的中心区换成球场就行了。

　　从球场向外，你可以先做下层再做上层，最后做墙壁和其他配件。同样的规则也适用于足球场、曲棍球场或任何类型的体育馆。可以动手试试看能造出什么样的建筑。

苦力怕伪装雕像

史蒂夫看着有点儿……不一样

1 先准备好石头、淡灰色羊毛和灰色羊毛。用石头在地上建一个四乘八的方块，然后建到三格高。用淡灰色羊毛把四个边加高十二格。你应该能猜到了，我们这步做的是鞋和腿。

2 拿出灰色羊毛，在上面继续加十二格。然后在左右两侧（肩膀处）分别造一个四乘四的立方体。换回淡灰色羊毛，从肩膀往下一直到腰线，做出手臂。最后，在领口部位弄些淡灰色羊毛。

3 头部使用淡灰色羊毛，长八格、高七格，前后都比身体多出两格。回到正面，敲出苦力怕嘴巴和眼睛的形状，然后放进灰色羊毛。这个雕像的样子是个打扮成史蒂夫的苦力怕！

4 在雕像底部用石砖搭一格平台，每条边都比雕像多两格。然后，用"L"形包住平台的四个角，在它们下面再做一个"L"的形状。如果你的雕像建得太高，可能要重复做好几遍"L"才能碰到地面。

5 最后，在所有"L"区域周围放上石砖楼梯。在每个角部结构中间，用石砖台阶做出台阶。要注意一点，放石砖楼梯的时候，不要把"L"全包住，我们想要漂亮的下降效果。完成这一步之后，我们的雕像工程就算竣工了。

红石的魔力

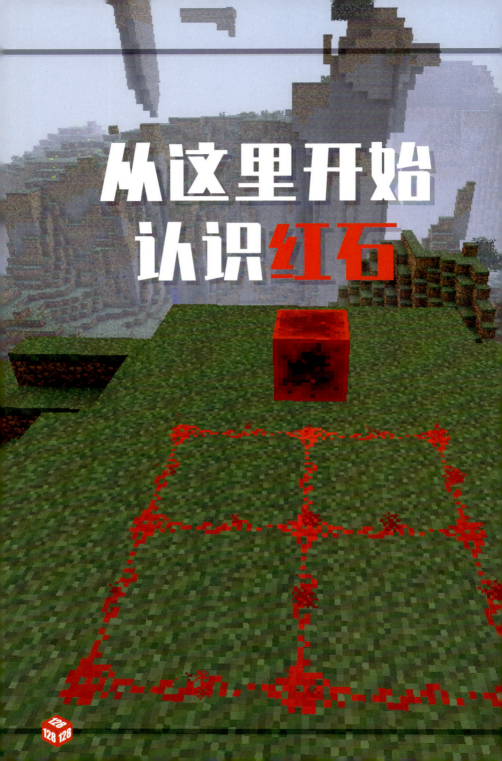

从这里开始
认识红石

了解红石在《我的世界》里的定位

　　《我的世界》真正精妙的地方在于，它的难度会根据你想做的事发生变化。这也正是魔赞的杰作能经久不衰的一大原因。

　　想盖个房子，种田搞生活？快行动吧。想一砖一瓦地等比例复刻西斯廷教堂？你肯定能行。整个工程肯定会花费很长时间，但既然是你自己想做的事，那这些都不是问题。

　　喜欢在游戏中做复杂工作的玩家们，这篇教程就是为你们量身定做的。你们迟早会发现游戏中有一种奇特矿物叫红石，并在反复实验中逐渐发现它的用途。在接下来的几十页里，我们会深入研究什么是红石，能用它干些什么，以及为什么更有经验的玩家会用它构造复杂的电路等问题。希望看过本教程后，你能就此跻身红石专家之列！

电路布线

红石电路由红石线连接而成。线路处于激活状态时会发出亮红色的光。

红石块

红石块是激活电路的基本，或者说主要能源。

红石粉 / 线

传输红石块的能量需要用红石粉组成的红石线连接整个电路的各个元件。

制造机器

不管机器的结构是简单还是复杂，红石都是制造过程中不可或缺的一部分。

什么是红石？

红石可以通过开采红石矿得到，大多数情况下用来制作机械和酿造药水。在《我的世界》里，它最主要的功能就是在玩家手动或自动激活开关、压力板后进行供能——可以把它当作现实中的电路。从最简单的压力板驱动门或驱动灯，到复杂的电梯系统、令人叹为观止的游戏电脑，几乎没有红石电路造不出的东西。

虽然游戏中的其他某些系统也可以进行信息处理，但只有红石系统是通过专门的红石信号来处理信息的。高可靠性以及高交互速度，使得红石轻松碾压了《我的世界》中其他机械系统，就像现实中电力碾压了其他能源，成为人们的主要能源一样。

和《我的世界》中其他的内容一样，只要你能了解红石系统的运作原理和应用方法，你就能深入挖掘。不过需要注意：红石电路的机制很难理解，而且有些结构也非常复杂，你可能永远也造不出完美的红石装置。但只要坚持下去，你会为自己能够完成的事情感到自豪。

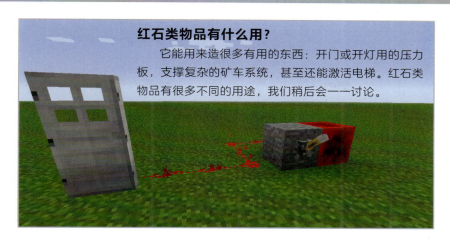

红石类物品有什么用？

它能用来造很多有用的东西：开门或开灯用的压力板，支撑复杂的矿车系统，甚至还能激活电梯。红石类物品有很多不同的用途，我们稍后会一一讨论。

不是必需品

如果你只是想在游戏里做些日常的事情，或建造喜欢的建筑，你可能会发现根本用不到红石。但如果你想要深入研究《我的世界》中的复杂机制，从红石下手绝对是个完美的开端。

红石教程

我们会教你如何最大限度地开发红石，还会告诉你可以用它做什么装置。我们先从红石的工作原理讲起，认识几个最实用的红石类物品，学习它们的组合方式。

创造模式还是生存模式？

这个完全由你决定。生存模式比较困难，你要搜集各种组件，还要规避各种危险情况。创造模式里各种道具都触手可得，还可以在地图里随便玩耍。我们建议你先从创造模式开始，毕竟红石系统学起来没那么简单，创造模式能让你尽情试错。

专业水平

　　造一个单纯用来开门的红石电路，实用且简单；而造复杂的装置要用到许多不同的组件，稍不注意就会混淆、遗漏。你能用红石干什么就看你自身的水平了。

红石的用法

关键提示

限制

红石线的垂直落差超过一格时，不能正常连接。

指向

红石线可以随意变换方向，也可以为所有相邻的方块充能。楼梯类方块也拦不住它。

红色的深浅

在红石系统中用得最多的东西就是红石线了。激活状态时，它呈亮红色；休眠状态时，它呈暗红色。

开始

　　如果你玩的是生存模式，那就要靠开采红石矿来获得红石。击杀女巫、交易也可以获得，但这两种获得途径有一定的难度。

　　在开始做红石元件之前，我们要先找个工作台。需要用工作台做三种主要元件：红石块、红石火把和红石中继器。把它们跟红石线一起使用，就能为你的机械元件提供能量。接下来，我们会更详细地介绍它们的用途，以及红石线的运作方式。

红石粉 / 线

　　红石粉 / 线用来在两个方块之间传输能量。红石线可以与其他红石线连接成线路，这些线路都可以被激活，或者为你的装置所用。要做红石线，你只需要在任意方块的表面放上红石，然后用它连接机械元件和信号源。刚放下的时候，它呈暗红色，这表明它上面没有能量；但当把它连接到信号源上时，它就会变成激活状态，呈亮红色。如果不连接新的信号源，一块信号源发出的红石信号最多能通过十五格长度的红石线，因此要好好规划线路。

　　我们可以通过线的形状来判断它与其他方块的连接状态。红石单格放置，看起来像一个点时，它能为相邻的四个方块充能。点周围的四个方向也连上红石的时候，它的形状就会变成一个十字，也就是两组相对的方向形成了一条直线。你很容易就能判断信号源连接的东西是什么。

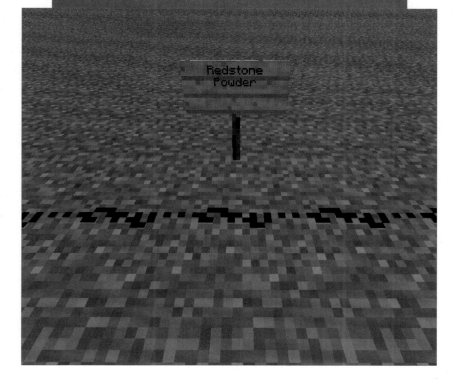

重要元件

红石比较器

比较器有两个输入端——从背面来的信号 A 和从侧面来的信号 B——也有两种不同的操作模式：作差模式和比较模式。作差模式会输出相当于 A 减去 B 的信号。假设信号 A 的强度是 10，信号 B 的强度是 8，那输出的信号就是 2。如果你想让信号 A 覆盖信号 B，就要用到比较模式。

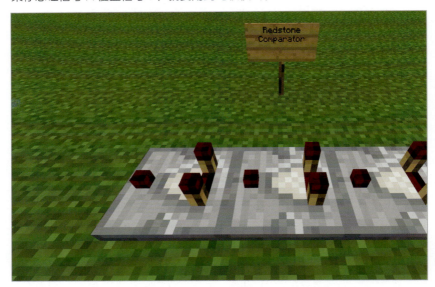

红石块

红石块是可以激活机械元件的重要信号源。它可以激活相邻格子的红石线，哪怕是在红石块的上一格或下一格也可以。但它只能提供无法关闭、不能变化的能量。

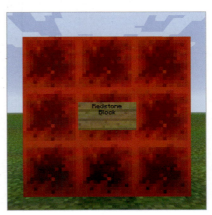

红石火把

红石火把有两种用途：一是提供低亮度照明，二是它的主要功能——作为信号源。它可以为所有方向上，最远十五格的线路提供能量，是延长供能距离的重要道具。

红石中继器

红石中继器有好几个功能。它可以用作二极管（能像开关一样使用）、延迟器（延迟经过它的红石信号）和中继器（刷新红石信号的距离，让信号再多传十五格）。

红石灯

红石灯可以产生十五级的方块亮度，驱离敌对生物并防止它们在附近生成。它是一个实体方块，所以如果你直接激活它的话，它也会激活位于相邻格子的机械元件。要好好利用这个机制。红石灯的相邻格（不管什么方向）有红石线或开关类元件的话，它们都会被激活，范围为一个方块。

制作红石机械

电路学习

　　红石电路、机械跟游戏中其他元素一样：建设难度取决于你的想法。为了让大家能更好地理解红石电路是如何工作的，我们把电路分为三大类，或者叫三个组成部分。

　　首先是信号源组件，它能激活电路，包括按钮、红石火把等。然后是传输组件，它能把红石信号从一个组件传输到另一个组件，主要就是红石线。最后是机械组件，它是电路中真正产生效果的部分，比如开门、开灯。

　　几乎所有的红石电路都是由这三大部分构成的，准确掌握它们的用途之后，你就可以进一步明白红石装置的运作过程和内部原理。想在游戏中创建复杂电路的话，就必须学会这些知识。

关键提示

涉及《我的世界》里用红石创造的东西，游戏的高度上限是唯一限制。

敌人生成
在生存模式下，要时刻注意矿洞深处潜藏的致命敌人，你死后会失去所有来之不易的物品！

深度挖掘
红石矿需要挖到很深的地下才能找到。这类矿石往往在大型、开阔的洞穴中，一般位于熔岩附近。

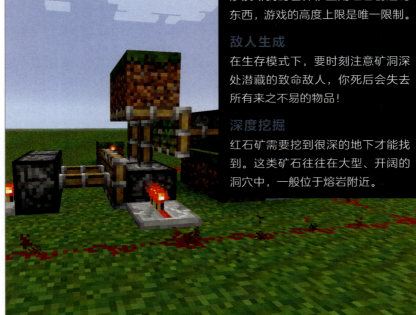

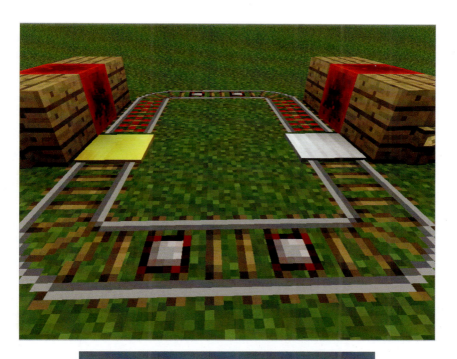

其他实用的红石元件

  虽然像红石线、红石块和红石火把之类的元件在组装电路时不可或缺，但若想让你的整个电路有作用的话，必须使用其他功能更具体的元件，它们会在你要制造的装置里发挥巨大作用。无论是简单的机关门，还是更复杂的红石电路，你会发现不管做什么都会用到这些元件。为了让方块发出红石信号，很多机关装置都离不开按钮、绊线钩、压力板等元件。

  和《我的世界》中绝大部分内容一样，你对红石了解越深入，能为你所用的元件也就越多。不过要记住，所有元件都要以适合的方式与其他方块相连，这与电路的复杂程度无关——只要它们附着的方块被移除，它们也会随之"弹出"（变成可拾取的物品）。

重要元件

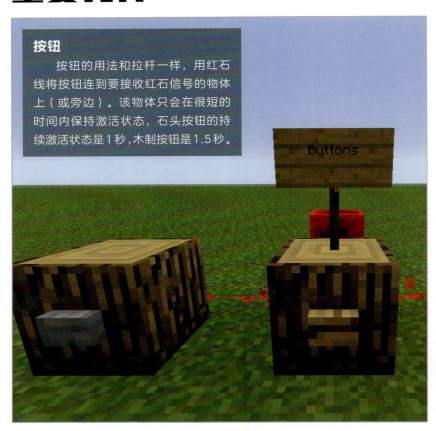

按钮

　　按钮的用法和拉杆一样，用红石线将按钮连到要接收红石信号的物体上（或旁边）。该物体只会在很短的时间内保持激活状态，石头按钮的持续激活状态是1秒，木制按钮是1.5秒。

激活铁轨

　　正常状态下，这种铁轨和普通铁轨的作用一样，但接触到红石信号源之后，会被启动并激活上面驶过的各种类型的矿车。虽然它可以给经过的矿车提供动力，但不能加速或影响普通矿车。另外，它能引爆TNT矿车，使其在一段时间后爆炸，矿车速度越快，爆炸的威力就越大。

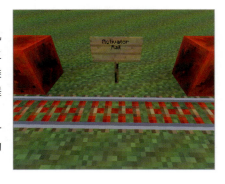

测重压力板

测重压力板是压力板的变体，能产生红石信号。它有两种不同的样式：金锭做的轻质测重压力板和铁质的重质测重压力板。往轻质测重压力板上放置四种物品，其发出的信号能增强一格；重质测重压力板上每放置一种物品，其发出的信号就能增强一格。

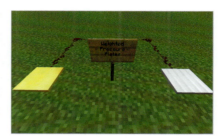

探测铁轨

不同于需要红石信号源才能激活的激活铁轨，探测铁轨会在矿车从它上面经过时产生红石信号，作用与压力板和开关一样，可以借此激活被它附着的方块。因此，探测铁轨是一种很方便的元件，可以用于很多事情，比如为长距离铁路网供能，或铺设只能单向通行的充能铁轨。

绊线钩

首先将两个绊线钩分别附在墙面上，然后用绊线把它们连接起来。有东西穿过绊线时，绊线钩就会发出红石信号。两个绊线钩之间最多间隔 40 格，触发一次之后就要重新连接。

骇人陷阱

用来捉弄朋友的趣味陷阱

报复怪物和捉弄朋友的时候到了，因为下面要说的全都是陷阱。

　　我们接下来会介绍许多不同类型的陷阱，从最简单的三分钟速成品，到需要花费几小时构建的复杂机关应有尽有。尽管陷阱这种东西没必要处处精心设计，但有时候为了看那只欺负你好长时间的骷髅遭到报应，在设计时花点儿心思还是值得的。我们马上会看到熔岩陷阱、窒息陷阱等一系列骇人听闻的陷阱。

01 飞蛾扑火

先铺设一条矿车轨道，轨道最好延伸得远一些，这样在起点处看起来它就像是正常的铁路了。在这条铁路中间的某处，放一个探测铁轨，后面紧跟一个两格长的坑，在坑底灌满熔岩。然后，把红石火把放在探测铁轨的右侧，把两个黏性活塞放在离铁轨一格远的地方，朝向铁轨方向。用红石粉把黏性活塞与红石火把连起来，再把坑盖住。等有人坐着矿车经过的时候，他们就会掉到熔岩里了！

02 此地无银

放两排地板（我们用的是石砖），在石砖下面挖一个深坑。在石砖两侧距离一格的地方，分别放上向内的黏性活塞，再在活塞后面分别加上红石中继器。用红石粉把两个中继器连接起来，记得在后面绕一圈，不要直接连。在红石粉包围的地方放一个你喜欢的方块（应该是钻石吧？），在它后面放一个红石火把。如果有不速之客把你的方块挖掉的话，石砖就会打开，让他们摔得粉身碎骨！

03

喷薄欲出

并排放两扇铁门，门右侧放一个方块，门上放两个。使用红石粉和红石中继器围绕铁门所在建筑布线，使电路能够向上延伸。其中一条线路向上延伸并越过顶部，另一条沿侧面连接。在门上的两个方块上面放两个口朝下的发射器，把喷溅伤害药水装进去；在门上的两个方块的两边放活塞。发射器会被方块挡住而不被发现，且因为门被开启时活塞会及时把方块推走，药水也能不受影响倾泻而下。

04

水淹佛眼之一

挖一个大坑，在坑中间再挖一个二乘二的洞，灌满水。拿出黏性活塞，在水坑两边摆成两个如图所示的"L"形。在两组活塞后面各放一个二乘二的平台。现在，拿出红石粉，沿着墙根铺设，绕过右侧，分别在左侧和上方的中间停下。此时你会在左上角留下一个三乘四的空的"L"形区域。

建筑广角

龙潭虎穴

这个建筑出自希夫缇（Shiftyy）之手，他提出了这个用房子搭载简易陷阱的巧思。首先需要做的就是造一栋精致的房子。在门后，挖一个两格宽、超过二十格深的坑。像活动地板陷阱一样，在坑口两侧放上伸长状态的黏性活塞，让地板看起来是正常的样子。在门前放些压力板，一切就准备就绪了。

05 水淹佛膝之二

　　现在该激活红石了。按照图里的样子放置红石中
继器（注意方向别错了！）。之后，在那个没有东西
的角落造一个盘旋向上、向外的阶梯结构。在阶梯底
部放一个红石火把，将火把与红石粉连起来。最后，
让红石线路顺着阶梯向上，在最高的那格放一个按钮，
旁边放一扇门，然后开始测试你的落水陷阱吧。

06 请君入瓮

不是所有陷阱都需要做得那么复杂。有时候用最简单的陷阱对付你的敌人就足够了。这个陷阱只需要四扇铁门和一块铁压力板。放下压力板，然后在压力板周围按风车的形状安上四扇门。当其他玩家或怪物走到压力板上时，门就会关上，将其困在里面。而且，这个陷阱没有非暴力的破解方法。

07

博鸡之力

在地上挖一个"T"形坑，在坑内中间那格放一个方块，在它上面加一个临时方块。按图中所示的样式放上活板门，并把下面的活板门向上闭合，敲掉临时方块并放上压力板。接下来，坐下慢慢等晚餐进来就行了。

惊奇迷宫

几乎绝对安全的终极安全屋

1 要做这个，首先要建一座最平凡、最普通的房子。当然了，你想做豪华的也无所谓，只不过为了让建造过程更简单，我们选的是朴素的方案。我们需要用到橡木、橡木板、橡木台阶，以及石砖和石砖台阶。对了，还要有深色橡木栅栏、橡木楼梯、一些火把和两块玻璃板。

2 选一种喜欢的树叶拿好。在房子一格外围一圈树叶，在正对门的位置做一个入口，然后向外延伸出一些曲折弯路。这就是迷宫的终点。

3 把所有叶墙拉高到四格，让它们与屋檐平齐。接下来，像上一步最后那样，把迷宫建得再大一些。做好之后，把里面路径的地面全挖掉，换成黑曜石。

4 现在我们做陷阱。在每个死路尽头的地面中放一个发射器，在发射器前面放一块压力板。往所有发射器里面装满你精挑细选的怪物蛋。之后，有人经过压力板的时候，充满恶意的惊喜就会出现在他们眼前了。另外，只要精心铺好地毯，就可以把发射器完美地隐藏起来了。

5 这一系列工作都做完后，我们还需要在迷宫上方盖上树叶。可以在房子的上部加些火把，这样在夜晚望向这里的时候，这一栋建筑就会显得很有吸引力。受害者恐怕不会想到，前方等待着他们的只有失望和怪物。哇哈哈哈哈！

08 木兰毒唇

找一棵不起眼的树，在树下挖一个三乘三、四格深的坑。在坑中间建一个两格高的柱子，在柱子的每个侧面各放一根红石火把，顶上放一格红石粉。在树的下面放一根拉杆，并拉它一次。在坑壁上敲出若干缺口，把 TNT 放进去。回到地面，把坑用方块盖好。有人砍树的时候，就会，咔！砰！

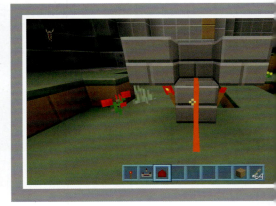

09 放火烧厅

　　在地上放一个陷阱箱，挖掉它下面那格，然后再在图示位置挖一条三格宽、五格长的沟。在箱子下方的方块上放上红石粉，正面放红石火把。从火把开始引一条红石线路，一直到沟的另一头。在沟的四个角放四个朝上的发射器。最后，用黑色羊毛和黑色地毯把沟和发射器盖住，在周围砌上墙壁。有人过来开箱子的时候，熔岩就会在他的脚边喷发。

10 矢如雨集

　　把两排发射器叠放，在周围建一堵墙。到它们后面，添加拉杆，把红石中继器放在发射器上面，像之前我们讲过的一样用红石粉把它们接入电路。再往后走几格，做出图里的造型，在最下面方块的侧面和背面放上红石火把。做一个带红石中继器的侧臂，用红石粉连到拉杆上，至此，属于你的迷你箭塔就完成了。

11 气息奄奄之一

挖一个十八格长、五格深的大坑。从墙往里数三格，居中放两排六格长的方块，并在其周围放一格高的墙。其中一条短边的墙上留出门框的位置，然后从这里开始砌墙，一直砌到另一条短边，要把顶部也封好。最后，左右各放一排黏性活塞，紧贴着每个活塞上方再加两排黏性活塞。

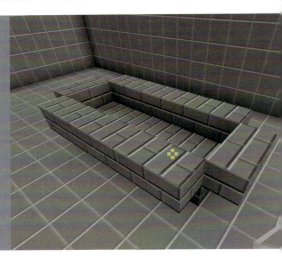

12 气息奄奄之二

在两堵活塞墙之间，放两排木头（作为地板）。接下来，在活塞墙的外侧做两组手臂式的结构，让它们在门框正面的斜下方相连。沿着手臂结构放置红石粉，在背面放一个红石中继器，然后在右侧放红石火把。如果你对这段内容有不明白的地方，请随时参考配图。

13 气息奄奄之三

　　终于到了最后阶段，我们回到建筑里面，装一扇配有按钮的铁门，然后简单测试一下。在铁门后面放些贵重物品，好引诱别人按下按钮。接下来要做的就是到外面用石砖把红石藏起来，给陷阱建一个精美的小庙造型。这里有个小技巧，你可以用大量的楼梯块修饰外观，然后加些栅栏和火把。

迷你建筑

几分钟就能建好的惊奇物件！

教你做一个活塞火箭

01
火箭基础

要做这个能动起来的玩意儿，就得先放一个朝上的黏性活塞，再在上面叠放三个黏液块。

02
二级火箭

接下来，再叠放一个朝上的黏性活塞和两个黏液块。最后，把一个红石块放在最上面提供动力。

03
最终活塞

把位于上方的黏性活塞上下两格的黏液块打掉。然后，我们在它下面放一个面朝下的黏性活塞。按图里的样子，再在火箭一侧放两个红石块。

04
火箭竣工

按照图里的样子在最上面做一个平台。然后跳上去让火箭真正发射升空吧！

教你造一辆卡丁车

01
安放车轮
挖四个两格深的坑，在每个坑内放一个石砖台阶和一个带凋灵骷髅头颅的盔甲架。把活塞朝内放置，然后用红石激活活塞。

02
车轮下压
在每个车轮上面放一个方块，在方块上放一个向下的活塞。用红石把活塞激活两次，以把刚做好的车轮推入地面。

03
制作框架
移除上面的四个活塞。轮子已经就位，盔甲架也藏好了。接着我们在这个结构的中间挖个洞，放一个黑色方块当作卡丁车的底盘。

04
收尾工作
在后面放一个楼梯，这是车的座位；在前面放一个和楼梯材质相同的石砖台阶。把一个告示牌和一个物品展示框重叠，当作方向盘。

教你搭一间温室

01
搭建地基

用木头造一个十六乘十三的大方框，然后按照图里的样子在第二层加上一些方块。用橡木或云杉效果最佳。

02
全部加高

找到我们上一步加的那些方块，让它们比地基高出三格（也就是它们总共四格高）。

03
制作顶棚

按照两格、两格、一格的方式斜着往上放木块，并把两边的木块连起来。沿两侧放一些横木，顶棚的框架就做好了。

04
安装玻璃

接下来就是我们美妙温室的点睛之笔了。为温室的框架装上玻璃，在里面种上不同种类的植物。如果你想提高安全性的话，还可以给温室加上门。

教你造一门红石大炮

01
制造炮管
先做一个十乘四的平板，然后如图所示般挖掉第三列的九个方块，并在这个凹槽末端的左侧上面放两个方块。

02
带个水桶
在凹槽的起点端倒水，让水自然流动。在另一端放一个上铺地毯的栅栏，防止水流出去。

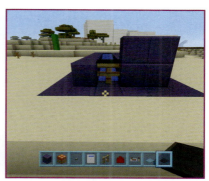

03
引入红石
在凹槽周围放上红石粉，按图示接入中继器，以确保红石信号能走完全程。

04
开炮啊！
在凹槽后面加一个按钮，然后在水源以外的凹槽中放满 TNT，在地毯上面也放一块 TNT，最后按下按钮。

陷阱攻击！

还想学更多陷阱？
那就用下面十种避无可避的陷阱挫败你的敌人吧

想象一下，你坐在自己的安全屋里，边吃零食边从窗户欣赏宜人的美景。这个世界真是太美好了——直到一个充满敌意的怪物走过来，直到僵尸、蠹虫、蜘蛛、骷髅（甚至更糟的东西）走过来。

此时此刻，你有三个选择：大声呼救；开始战斗；或者，在它们踩中你事先在地板上布置的活板门，掉入深坑消失无踪之后，泰然坐下并放声大笑。要选哪个，咱们心里肯定已经有了最佳答案。

陷阱这门艺术，每个好玩家都应该深入学习。你能提前打发敌人（不管是怪物还是其他玩家）的话，何必冒着受伤的风险正面搏斗呢？那么，赶紧看后面十个致命陷阱的用法吧！

01 基础陷阱

想在敌人抓住你之前就反过来抓住他们的话，你就得充分了解诱捕的基本知识。这个入门级陷阱会帮你困住那些侵入你家的敌人。你要盖一个地牢，里面的装饰随你怎么布置，但要记得加一个刷怪笼（别怀疑，就是那个能生成怪物的），直接在地上放一个或者找个自然生成的都可以。然后，把整个房间灌满水，离开地牢并封死出口。之后，每隔一段时间你就可以去看看有没有淹死的怪物，有的话可别忘了把它们掉的东西捡起来。

02

活塞拓展

　　活塞，要重视它们！每个人都知道它能很轻松地为你的陷阱锦上添花。比如带方块的活塞，它就可以被设计成启动机关后会让人掉进充满熔岩等致死物质的陷阱。当然，如果你想抓住那些怪物让它们干农活的话，也可以让它们掉进一大圈普通的围栏里。

03 趁手的沙

　　这个巧妙的陷阱充分利用了减速沙的特性。减速沙的官方名称是灵魂沙，它是一种自然条件下只在下界生成的方块。它有点儿像现实中的流沙，能吸住所有在上面行走的怪物。这个陷阱有两个特点：一是所有踩在沙子上的怪物都只能被迫朝陷阱中心走，无法向反方向行进；二是杜绝了逃生可能，因为所有出口都放置了与陷阱等高的玻璃块。

04 诱饵开关

　　所谓大巧不工，简单就是有效。玩家们也是人，也会好奇，也会寻找资源。这个陷阱就利用了大家一看到拉杆就想拉一下的心理，因为每个人都想看看拉了之后会发生什么事。受害玩家在附近其他房间找到值钱的东西之后，进入陷阱房肯定也会毫不犹豫地拉拉杆。这是正常房间和诱惑人心的拉杆的巧妙配合，就是为了引受害者上钩，让他们自己启动开关，落入脚下的地牢。

05 水中坟墓

　　水流的力量是《我的世界》中一种很强大的力量。向怪物倾倒蓝色的冷水，它们将被推入相应的困境。你可以在顶部或悬崖边放置水陷阱，并确保自己能及时赶到怪物死亡的地方，这样才能捡到它们掉落的物资。你甚至可以用刷怪笼保证收效——嘿嘿，这样每隔几分钟就会收到固定的货物供应。

06 空中监狱

　　想把抓怪的能力提升到极致吗？那就试试在高空建造陷阱吧！你的陷阱甚至能触及 255 格的高度限制。这意味着你所在的区域（以你为中心 128 格半径的球体）中能生成的所有敌对生物都将被你的高空陷阱包裹在内。另外，很多怪物都会生成在你高空的设施上，你被它们盯上的概率也因此远高于在地面时的概率，毕竟在地面时大多数怪物都是挤在地下洞窟里的。

07

房内狂欢

　　为了在家里能踏踏实实的，可以为每个房间都设上陷阱。箱子打开后会触发TNT；如果有玩家误以为墙壁后面有宝藏而把墙敲掉，就会瞬间被熔岩吞没；在门后藏一块水源；在床下为不速之客安排惊喜，可以是蜘蛛、僵尸这种被你抓住的敌对生物，也可以是一两只狗或其他你喜欢的残暴野兽。或者，不妨在你放钻石的房间里藏一群蜘蛛骑士吧！

08 保险装置

　　所以你现在应该算这类陷阱的专家了吧？恭喜恭喜！你现在要做的是改进技术，防止对手逃出你的掌控。在这次的设计方案里，水流会带着所有步入陷阱的敌对生物流进通向牢房的洞里。在测试时，我们发现怪物们有时候会从水里跳出来，进而避免了被冲进牢房的命运。那该怎么解决呢？可以放置防跳装置，也就是在头顶高度放一个方块，防止它们跳出来。

09

被水淹没

　　下面的话请务必重视：再好的陷阱也需要备用计划，否则失败就无路可退了。因为《我的世界》中敌对生物是不会不战而退的，当它们遇到以水为主体的陷阱时，往往会在水里上下翻腾，而不是平静地沉下去。在这种情况下，可以用箭射它们的头。在其中放玻璃块也是个好主意，让这些还在挣扎的怪物被更大的力道冲下去。

10 坠入歧途

　　用熔岩烧和用水淹是我们的陷阱里常见的两种杀伤手段，那为什么不把二者结合起来呢？当然，这两种东西在《我的世界》里通常不能共存，为了解决这个问题，我们可以设计一个流入熔岩池的瀑布。受害怪物会在瀑布顶部生成，在被冲到边缘的过程中都可能受到伤害，在下落的过程中就更不用说了，随后会被熔岩完全吞噬。你想抓它吗？那你需要造一个巨大的建筑安置它们。那么，这就开工，愉快地设置陷阱吧！

三项规则

　　成为真正的陷阱高手，要用好下面三种要素。一是熔岩，可以用桶舀起熔岩方块。要小心自己的手！二是水，当然水源方块也是最容易获得的，你需要留意水流的方向，通过水的纹理判断方向，并将其作为陷阱中重要的一环。三是红石——大家最喜欢的物质，它可能在箱子里，有时会从怪物身上掉落，也可以通过开采红石矿获取。用它作为陷阱可动部分的动力源，这陷阱可就战无不胜了！

设计一个
解谜游戏

让你朋友绞尽脑汁的复杂谜题

红石就是万恶之源。 如果你看过红石建筑相关的图片或者视频，你肯定会说"这怎么可能做到啊！"这也是在这篇指南中，我们向你介绍并不像噩梦般困难的红石机关的原因。每个红石大师都会有一个了解红石的过程，不妨从我们的教程开始。我们会逐步向你介绍建造谜题房间的方法，包括在移动的方块间跑酷、连环解锁的密室逃脱，以及移动方块解密的小游戏。如果你想知道怎么把红石藏起来，我们也会为你一一解答！

01 红石 101

在建造主体工程之前，要先复习一下红石的基础知识。建议把红石粉、红石中继器、黏性活塞、石英块、红色羊毛和拉杆放到物品栏里。现在，创建两面四格宽的墙，以及配套的四格宽地板，按照图示放上红色羊毛，并在羊毛后面放置方向向内的黏性活塞。接下来，在左边的墙上加一个拉杆。我们会在下一步把它们串联起来，这样红色羊毛就能被活塞推得弹出来了。

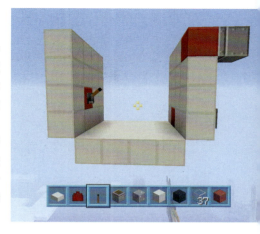

02 红石 202

把拉杆拉到开启的位置，然后在它附着的方块背面放一个红石火把。接下来，你要从火把处开始放红石粉，一路把其他红色羊毛连进电路里。要做到这一点，只需要先在火把外放一格，然后向下绕到对面。如果红石相互交叉了，就放一个中继器，把它们分开；如果火把的能量不够了，就在红线开始变暗的地方放一个中继器。

03 第一间房

　　这是我们建造的第一间房——跑酷房。铺地板、左右墙、后墙以及通往房外的门框。然后按图示放入彩色的羊毛块，并在左边的羊毛块上添加拉杆。要成功闯过这个房间，玩家必须判断出自己要踩着哪个方块起跳，最后跑出去。绿色的方块是障碍物，它们的作用是阻止你闯关。这意味着本关的代名词是"反复试错"。

04 红石线路

　　考查你红石知识的时候到了。还记得在第一步里是怎么装拉杆的吗？还记得你是如何把它隐藏起来的吗？那么同理，现在要挖土，把红石藏在地下。当然你也可以把拉杆装在房间的背面，在房间外运行红石系统。记得用之前讲过的中继器来延长信号。

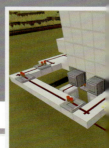

05 第二间房

　　我们先到门框旁边，如果门后有上一间房的红石，记得用石英块遮住。接下来的步骤大同小异。如果你想把地板的样式改成磨制安山岩和磨制闪长岩，直接修改即可。接着，拉高墙壁、放好羊毛，在后面用楼梯做出拱门。在左右两面墙的彩色块上加拉杆，最后，跑到连接两面墙的石英台阶上。

06

房间 2 的红石

　　看看配图的红石，但不要照搬，否则会难上加难！相反，我们运用之前用过的布线思路：拉杆后面放红石火把，用中继器增强信号、分割交叉的红石线，以及为了让红石线路顺利连通，请善用楼梯、地下布线法和石英块连桥。不必担心最后布好的红石线路看起来很乱，大家的都乱！

受困屋内

　　这个是由沙米翁（Chamion）创作的密室逃脱（House Escape），玩家的任务是逃出建筑。听起来很简单，但众所周知，这类解谜可从不像它们看起来那么容易。组合拉杆、隐藏在画作之后的按钮、高得难以跨越的栅栏……这些东西让人头疼不已！有些密室逃脱会让玩家与突如其来的怪物对战，但这个密室逃脱并没有怪物，是纯粹的非武斗式谜题。如果你也想做此类游戏地图，需要注意的原则是：游戏规则很重要，不然没人会用预设的方法进行游戏（很可能会直接一路挖出去！）。

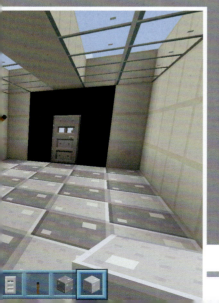

07
第三间房

　　接下来要做的是开锁谜题。猜出正确的组合方式，门就能开了。告诉你个可能会让你开心的消息，这次要用到的大概是世界上最简单的红石装置。很棒吧！搭建一个房间，放几个相邻的彩色羊毛块，然后加上拉杆。我们用了六个拉杆，不过你最好只做三个，这样方便你测试机关是否成功。另外，我们要在这个房间的门框里装上铁门。

08 更多红石!

绕到拉杆的后面。现在，不管你想怎么设置开关顺序，都要在所有属于正确组合的方块后放红石火把。在下面做个小平台，全撒上红石粉。在平台离门近的那端放一个火把，然后在火把下面隔一格做一个沿，把这个沿连到门下边。在这一圈沿上也放满红石粉，一切准备就绪，可以开始测试了。

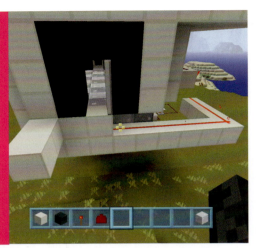

09 第四间房

暂且不要想红石的事，我们先按图片里的摆放方式放置黏性活塞和普通活塞。这个房间的题目是：把一个方块从起点推到终点，然后打开逃生门。放完活塞之后，数五格，朝后放三个加了按钮的黑色羊毛块。完成后面两步，就可以随意添加主墙和玻璃了。

10 如何布线？

正式开始之前，我们打开了控制面板，并放了红石火把，向你展示哪个活塞要连到哪个按钮上。注意看第一张图，有些活塞是伸长状态，要将它们连接到左边的按钮上。之后看下一张图，这是连到中间按钮上的。第三张图同理。然后，往最左边的活塞旁边放一个方块，进行测试。还是有疑惑？请继续看下一部分。

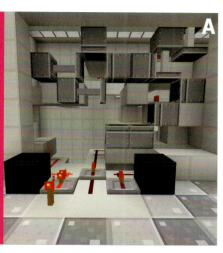

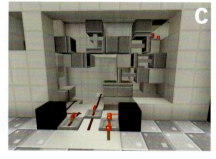

做个试验场

把你的益智游戏屋变成一个巨大的试验区。

1 首先，在所有房间周围建围墙。各个房间的围墙之间不相交的地方，就用之前学过的斜边法连接。把围墙砌好之后，整个建筑看起来非常有意境，现代感很强。之后，用黑色羊毛在每个房间上排出序号。友情提示，如果你在画8位文本／数字时遇到困难，Textcraft会帮你。它是《我的世界》字体设计网站，功能是优化方块的排布、样式，让数字和字母显示得更清楚。

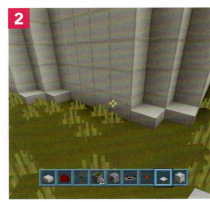

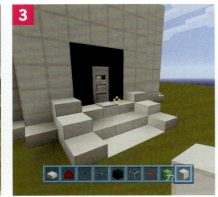

2 有时候，微小的细节是整个大项目的点睛之笔。因此，你要拿出石英台阶，把它放在你能看到的所有角落、斜边上。这一步能给那些无趣的角落增添设计感，更加引人注目。

3 怎么才能开始游戏呢？当然是从大门进去啦！谁会忘记给它装门？肯定不是我们！造一个黑色的门框，里面安一扇铁门，门前放一块测重压力板，这样，玩家在彻底完成解谜之前就会一直被困在里面了。使用石英块和石英台阶在入口建造能让玩家上去的楼梯。

4 做天窗！尽管我们在埋头整理红石，也要为了印证自己的丰功伟绩而时不时往里看一眼。所以，要在有谜题和红石的房间上方凿出矩形的洞。然后，在中间放一排石英，两边装玻璃。这种操作简单又有效，让空间一览无余！

5 在每个房间的顶上都做出天窗。之后，为防止红石线路出现问题，我们到背面的操控台外，装一些可供出入的木门。当然，不做这一步也没关系，但红石线路完成之后确实容易出问题（可能是因为离墙太近阻断了信号），所以如果能随时进出，可以省去维护时在墙上打洞的麻烦。

11 红石系统

这是第四间房红石系统的大致思路，你做的不必和它一模一样。像我们之前的红石布线那样，一次性把所有按钮都连到一起，用阶梯结构和中继器控制各个按钮。因为这次的红石线路有些紧凑，所以要多留意交叉的红石线，仔细用中继器把它们弄好。

12 蛋糕不是谎言

下面是我们的决赛房间，我们要在里面放上奖品。《我的世界》里还有什么奖品能得过蛋糕呢？（除了钻石、铁、金苹果，以及其他比蛋糕有用的东西。）建造一个黑漆漆的房间，在中间放上蛋糕。在后面安扇双开门，在室外搭建向下的楼梯。到达这里的每一个人，都会为破解你狡诈的谜题之后看到的第一缕室外阳光而开心。

13 永远的红石

　　站到远处，好好欣赏你的作品吧！虽然这一系列红石看起来杂乱无章，但这是你辛勤劳动的成果，何尝不是另一种美。你现在是想顺其自然，对吧？毕竟所有的工作都一目了然，整个建筑看起来很酷。或者，你也可以用石英把整个建筑包起来，让它变成一个庞大的白盒子；又或者，像我们一样把它变成一整座试验场，那样也很棒！

设计一座
红石隐藏阶梯

忽隐忽现的神奇楼梯

红石并不是简单的东西。幸好，如果把它分解成相互连接的不同的小步骤，难度还真不太大。下面我们会与你一起学习怎么搭建十三格规格的隐藏阶梯，这样你就不会不知所措了。只要跟着一步一步走，不知不觉间你就会发现自己已经沐浴在红石的光芒中了，哪怕是在《我的世界》移动版里！

01

起步阶段

　　开始之前，先复习一下基础知识。红石中继器能延长红石信号的传输距离，也可以延迟信号的传输时间。如果你在之后看到"一刻"，就代表我们没有调制这个中继器；"二刻"就是拨了它一次，"三刻"就是拨了两次，以此类推。之后，我们会先在空中搭建阶梯，以便于观察走向细节；如果你已经是一位红石专家了，也可以直接在地面上搭建。

02

搭建地基

　　接下来正式开始搭建。先在高空创建一个四乘八的平台。面朝长边，在离你近的两个角往前一格各放一个朝上的黏性活塞。往后数两排，在第三排中间的两格上放两个黏性活塞，在它们上面再放一组黏性活塞。最后在它们的斜上方再放两个黏性活塞。

03
阶梯与黏性活塞

先明确要在什么生物群系里复刻阶梯范本（如果是在沙漠，就用沙子方块；如果是在草原，就用草方块等）。这里用的是石英块，所以比较显眼。选好要用的方块之后，就用它在黏性活塞后面搭两层两格宽的方块组，然后斜着向上再搭两层。接下来，在方块组左右斜上方各搭一组"L"形黏性活塞。

04 红石开工

在两个"L"形缺口的地方各放一个你选的方块。然后在两个活塞的前面各放上三刻的红石中继器，旁边各放一刻的中继器。在中继器的另一端放一个颜色不同的方块，然后在方块上放上红石粉。在这个方块背面，也放一个一刻的中继器。

05 更多红石

　　在放置了红石粉的方块的斜后方，用同种方块造一个"L"形，然后在对面也重复这个操作。方块上放红石粉，并将其引到黏性活塞的方向。在最后的方块上，放一个四刻的红石中继器。现在，从物品栏里拿一个红石火把，放在第二格方块的侧面，以便激活在地下的黏性活塞。

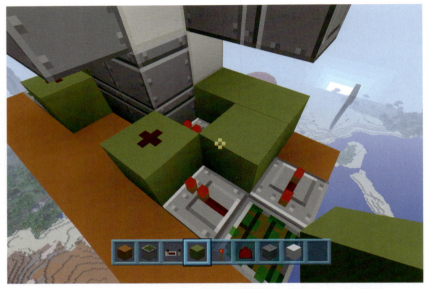

06 搭高建筑

接下来你要面对的是更多的搭建工作。首先，从"L"形的起点斜向上放一个方块；然后，在第一个方块的斜上方加两个单独的方块，另一侧重复该操作。接着，在新放的方块上加中继器，朝向楼梯的中继器是二刻，另外两个是一刻。现在，我们往嵌在地上的黏性活塞上放两个方块，在方块的上面朝后放四刻的中继器。

07
差不多了

　　还跟得上吗？接下来，在活塞上两个方块旁边朝后的方向放一个方块，在这个方块上放一个三刻的中继器。和之前的步骤一样，另一边要跟这边对称。环顾四周，你可以看到阶梯的后方，呈现的是左右对称的斜向下三格图形。在这个三格图形最底下的方块上放一刻的中继器，在第二格放红石粉。

08
红石竣工

　　最后一步需要耐心，别着急。在阶梯正面的"L"形旁边放一个方块（可别搞错放到别的"L"形上）。在"L"形的另一侧也放一个方块，防止装置在运行后不牢固，最后在这个方块上面放上红石粉。

半自动牛肉料理机

想轻松获得美味多汁的牛排吗？

1 先放一个箱子，在它后面放置一个漏斗（蹲下点击就可以连接了）。之后，在箱子左边放两个石英块、右边放一个。把两端各往上加高四格，在左边第二个方块的后面做一个高出它两格的凸起。

2 绕到背面，在漏斗后放一个石英块。在这个石英块上放一个朝前的发射器，在里面装满火焰弹。在凸起的斜向外一格，放一个朝里的发射器，在里面装满牛的蛋。这里的思路是，火焰弹把生成的牛烤成牛排。

3 回到正面，现在要开始砌墙了。把后面两格宽的空位、朝里的发射器上面，以及右边的墙砌高。高出两格的凸起保持不变，那里是牛生成之后站立的空间，如果把它搭高的话，牛就不能正常生成了。

4 在朝里的发射器前面的方块上放一个按钮，不需要连红石，按它一下就能生成一头牛了。现在挖开右边，在右下角最底部的方块上放一个按钮。从按钮开始引红石线，一直引到上面另一个发射器上。

5 现在我们要把红石盖住（注意别把电路弄坏），然后在底部和顶部安放楼梯。按上面的按钮生成牛，到最上面给它们喂麦子。随着喂养过程大牛会生出小牛。接着，按下火焰弹的按钮，你就能在未来几天吃到现烤的牛排了。

09 运行测试

现在到了关键一步。注意看背面那些斜向下的石头（或者是你选的其他种类的方块），在两边都放好红石粉之后，在任意一个方块的背面加一个拉杆。拉动拉杆，阶梯就会变成一个平台；再拉回来，就又变回阶梯。很厉害，对吧？

10 建在地下

挖一个大坑，用橡木块围出入口的造型。把这些橡木块敲掉换成栅栏，然后把栅栏在门口延长出来。在顶部附近的位置也加上栅栏，形成一个大框架，点缀上火把就算搭建完了。

11 地底内部

把这一系列工作完成之后，顺着阶梯往下走，在最底层多加些楼梯。主房间的墙壁只有六格高，而且也只有墙角的两格柱子使整间房看起来不那么平淡。把地板和天花板都换成石英块。在天花板上装几个海晶灯，能有效提高室内亮度。

12 红石机关墙

　　用石砖砌成后墙，把墙角的一些方块挖掉，在两个黏性活塞前面放两块石砖。在下面的活塞后面放一个方块，然后从上面的活塞背面拉一根到地下的红石线。让红石线绕到最底部红砖下面隔一格的位置，放一个拉杆。测试一下，成功后，需要把周围的墙重建一下，以盖住这个机关。

13 密室金库

　　所有的技术点都完成后，要做的是保险金库。先拉拉杆，在后面的空间里建一个中等大小的房间。用石英块做地板和天花板，用石砖垒墙，最后放上箱子（以及里面的资源！）。完成这些步骤后回到主房间。用石英块做一个五乘五的正方形框来建造金库大门，在后面加上铁块和用来当把手的末地烛。

什么是活塞房？

　　活塞房是什么东西？虽然听起来像是一座用很神奇的方式在地下建出来的房子，但其实不是。实际上，它就是一座配备了很多红石装置的房子，有大装置也有小装置。

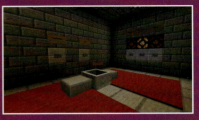

　　欧几里得（Euclides）的房子里有100个有趣的装置，包括移动门、自动化养殖场、自动化农场、睡眠探测器、隐藏式篝火和满是 TNT 的峡谷等。我们可以非常肯定地说：这栋房子里有《我的世界》冒险者们所需的所有东西。